復刻版

代謝建築論
か・かた・かたち

菊竹清訓

彰国社

はじめに

建築のデザイン（設計）について、これまでいろいろのところで書いてきたものをまとめてここに出版することにした。

一九五八年から一九六七年の約一〇年間にわたるので、デザインに対する考えかたが、変化してきているが、成長の過程としてこれを見ることもできると考えて、若干の重複をかえりみず大幅な修正・加筆はとくにしなかった。また、問題を建築のデザインに絞ることとし、都市デザインに関するものや、その他のデザインについての原稿はなるべくこれを省略することにし、別の機会にゆずることにした。その結果、ここに集めた問題は大きくいって、デザインの方法論と、これを建築デザインでどのように展開したかの二つになったように思う。

〈か・かた・かたち〉という三つの段階をもち、三角構造をもつデザインの方法論は、約五年の間、一九六〇年の国際デザイン会議をはさんで少しずつ検討し、考え、築いてきたものである。

この〈か・かた・かたち〉の三段階方法論は武谷三男の「弁証法の諸問題」に負うところが多かったし、ルイ・カーンの哲学に学ぶところがあった。しかし、なんといっても、川添登の批判と討論にまつところが大である。

わたくしは以来、デザインの方法論といっているこの〈か・かた・かたち〉論を、つねに現実の設計に適用し、またその成果を方法論に組み込もうとしてきた。

はじめは、かなり形式的方法論としての理解のために身動きがとれないような状態だったことを率直に認めなければならない。しかし、しだいに実践を重ねることで、方法論はよく力を発揮するようになってきたように思う。この機会に、わたくしのデザインの方法論を、もっと多くの方々に読んでいただき、さらに批判を加えていただければと考えたわけである。

わたくしがデザイン（設計）とは何か、という問題に遭遇し、考えはじめたのは恥ずかしいことであるが、出雲大社庁《ちょう》の舎《や》という独自の機能をもった建築の設計をすることになった一九五六年ごろである。それまでは設計に必要な知識と、その形式的手続きがわかっていたにすぎなかったように思う。設計そのものについて、また設計の方法については考えもおよばなかったのである。というのは、建築学という考えや建築論のみが、わずかに設計にふれる程度で、これまで設計そのものを問題にしようとはしていなかったのである。

この時期にとくに注目すべき問題提起は、わたくしにとって丹下・川添による〈伝統論争〉のみという有様であったといってよいであろう。

つまり正面から設計をとりあげようとしたものは無かったのである。これは驚くべきことであった。設計の方法なしに設計するということは、それがどういう結果になるか、改めてここに言うまでもなく、あるときには成功し、あるときには失敗するのである。さらに望ましくないことは、折衷主義・形式主義の建築と、やり遂げねばならない現代建築のすすむべき姿との間の差別が全くつきにくいというところにあった。

ここに、いかなる方法によって設計するか、を考えることの重要性があった。デザインの方法論とは、いかにして設計を達成するかを正しく考えることにほかならない。考えたことを現実にうつし、そこで検証しつつ弁証法的にこれを発展させ、建築を進化させようとするものである。したがってデザインの方法論は単なる知識の構造ではない。すなわち建築に対する認識と建築の現実化という実践を、一つのものとしてとらえ、そこに設計の論理を構築しようとしたものである。

出雲大社庁の舎の設計にあたって、設計とは何か、から考えることになったのはこのためであった。

わたくしは設計のための一つの仮説をそこに組み立て、この仮説にしたがって設計しようとした。そして後に、この設計仮説が、設計の方法論の基礎となるのである。設計の方法論がほぼ確立するのは一九六三年の京都国際会議場の競技設計においてである。

かくして設計の方法論に立って、改めて建築設計の諸現実をみると、あまりに多くの問題が厳然としてわれわれの前に立ちふさがっていることに気付かせられる。

それらの問題は一度に、そう簡単に解消されるようなものばかりではない。まず設計においてこれらの問題を正しく据え直し、そして解決の方向をたどる道にのせねばならない。

そうした問題の一端を提出したのが、〈伝統について〉、〈目に見えるものの秩序〉および〈目に見えないものの秩序〉の各レポートである。

デザインの方法論のうえに立って建策技術をどう位置づけいかに考えればいいのかをみるとき、はじめて構造・設備の技術について、これをいかにデザインに組み込むべきか、いかに発展させねばならないものかをはっきりさせることができる。そして建築家と技術家との協力というものが、どういうものでなければならないのかもまた同時にそこから明らかにすることができる。そしてそこで共通の課題は何かを、初めて問題にすることが可能となるのである。

本来建築家と諸技術の専門家との真の協力関係の姿は、建築デザインの構造のなかに、またプロセスのなかにこそあるものであって、デザインの実体をときあかす以外に、経験することも見いだすこともできえないものと考える。

また〈代謝する環境装置〉の問題は、現代建築における代謝更新、および進化の問題の一端をとりあつかったもので、人間環境に適応する建築をつくりだすためにわれわれは慎重にこれらの問題を考え建築とは一体なんなのかを追求していかなければならないということを述べたものである。

この問題は、さらに敷衍《ふえん》して、建築家そのものの体制におよび、建築家の設計組織をいかにすべきかの問題に当然つながりをもってくる。最後の〈建築家と思想〉は、このような設計というものを考えた結果から、建築家がどのような社会的役割をにない、設計を通じて、いかにして人間性を獲得するか、といったことに対して言及したものである。

建築とは何か。

こうした問題の根源的問いは、すべて設計とは何かという問いのなかにあった。そしてこれこそ設計にあたって常に問いつづけていかなければならない問題なのである。

一九六七年盛夏　記

目次

I デザインの方法論

設計の論理

設計の論理は、建築学において機能主義理論・伝統論・創造論、あるいは原論という形で断片的にはあっても、そこに一つの体系をもったものとして成り立ってはいない。

この理由は、建築学の研究者と実践者としての建築家との間に設計を中心とする正しい関係が出来上がっていないという事実がまずあげられる。

また建築家が、現実の場面で設計を単なる建築学の応用と考えてきたこと、そう考えることで設計そのものを、つきつめて問題にすることを故意に避け、責任を建築学にすりかえてきたことがあげられよう。わたくしは、ここに建築学が社会から遊離していく一つの原因があることを指摘しないわけにはいかない。建築を現実化するのは、設計をとおしてであることを改めて認識し直さなければならないという問題がここにある。

設計を問題にすることなしに、建築学は、社会とともに進み貢献することはできないと考えられる。建築学は設計から、みずみずしい栄養を吸収していかないかぎり、成長も発展もしえないものであって、さらにひからびた形而上学的学問に終わってしまうおそれがある。本来建築学のもっとも主要な基盤の一つは、あくまで設計におかれねばならないものである。

建築学が成立するためには、設計の論理がいかに重要なものであるかは言うまでもない。にもかかわらず、建築学は設計を、実技技能という形で組み込むことで、体裁をとりつくろっている。しかし、設計を単なる技能として見るかぎり、建築学の前進は望みえないものであろう。設計は、建築学の現実適用の手段ではない。

建築は設計によって、社会と接触し、社会的矛盾を発見し、そのなかから建築はいかにあるべきかを学びとり、建築学の進むべき道を明らかにしていくべきものなのである。

設計がいかに建築学に基礎づけられているかはいうまでもないが、建築学が、このようにして設計の上にはじめて成立するものであるという認識は、正当に評価されねばならない。

このことは、超高層建築の例をあげるまでもない。社会的要請によって、超高層建築の設計が求められ、超高層建築の設計に必要な研究が、建築学の諸部門に始まったのであって、建築学の進歩によって超高層建築の実現が可能となったのではない。設計のみが、技術を媒介として超高層建築の可能性を提案しえたのである。そして設計によって、建築学ははじめて体系化され、独自の領域をそこに完成することができたといえる。建築学が設計というものをいかに理解すべきかは、建築学の自己完成にとって、いまほど重大な課題となっているときはない。

では、設計の実践者としての建築家に、設計（デザイン design）が正しく追究されているかといえば、十分な成果が得られているとは言い難い。しかし、つねに建築家が設計の問題に当面していることは事実である。

そして現実の設計にあたって、これをどこまで深く追究し、そこにあらわれる諸現象のなかから普遍的法則をどのように探り出すか、そしてさらにそのなかに本質的な問題をどのように見いだすか。それは建築家によって、かなりの相違があるであろうが、すべての建築家の課題としなければならないところのものである。

そこで、秩序ある建築を設計するにあたって、設計において相互に矛盾のないなんらかの方法が必要となる。

でなければ設計は、あるときはうまくゆき、あるときは失敗して、その成果をつねに高めていくという訳にはいかないからである。ここに建築家が設計の方法論を問題にする理由がある。設計を正しく発展させるため、デザインの方法論が必要とされるのである。

わたくしは方法論を求めるにあたって、まずデザインの認識の構造からはじめたいと考えた。そして認識の構造のうえに、一つの設計仮説を組み立てたのである。それが〈かたち・かた・か〉の三段階論である。

設計仮説では、デザインを認識するのは、まずデザインの終局的形態としての〈かたち〉であるとする。そしてその基礎となっているところの〈かた〉を理解し、さらに認識は、本質的なものにまで進む、これを〈か〉とすることで、〈かたち〉、〈かた〉、〈か〉という三段階のデザイン認識のプロセスをえ、これを仮説としたのである。

つぎにこの三つの段階は、それぞれ現実の建築において、どのような認識のプロセスをたどり、それが建築形態の解釈にどのような妥当かつ有効性をもつものであるか。そうしたことを検討していったのである。

同時に〈かたち〉、〈かた〉、〈か〉という言葉の意味についても考えてみた。

こうしてわたくしは、デザインの三段階構造による設計仮説を考えることによって、空間と機能との関係について、そこに一つの立場を獲得することができたように思う。〈空間は機能をすてる〉がそれである。

しかし設計自体、認識のみでは成立しない概念である。すなわち設計仮説にいうところの〈かたち・かた・か〉は、矛盾なく自由に解釈できるだけで、それが力を真に発揮できるかどうかは、現実の設計という実践において検証されなければ判断できえないものであろう。

そこで、設計仮説に実践のプロセスを加え、一体化した構造としてこれを考えることにした。〈か・かた・かたち〉という方法論にこれを述べている。

実践における問題を組み入れて考えた場合、三段階のプロセスは、〈か〉から〈かた〉をとおして〈かたち〉へ、そして再び〈か〉に戻っていくので、プロセスは環に結ばれるという考えが、妥当であることがわかってきた。そこで三段階を三角構造としたのである。デザインの三角構造はこうして構築されてきたものである。

この三角構造は〈かたち〉を問題にする、すべてのデザインに、適用しうるものと考える。引例は建築が主となっているが、他のデザインの領域に当然拡張して考えることのできるもののように思われる。

それは、建築にすべてのデザインが深く関与していること、またデザインのすべてが最終的な〈かたち〉を問題にすることからである。このような〈かたち〉を媒体とするデザインは社会性、同時代性という、人間および社会との結びつきを獲得し環境という全体に連なっているのである。したがって、環境デザインの全領域にわたって、デザインの方法論は有効性を発揮することができ、デザインの三角形にもとづいて、問題を正しくとらえることができるように思われる。

なお、(1)〈かたち・かた・か〉は設計仮説として発表したⅠ・Ⅱを一つにまとめて、認識論としたものであり、(2)〈か・かた・かたち〉は、現代建築をつくるためにという原稿を中心とした実践論であった。

この認識論・実践論でとらえようとしたものは究極的に設計の論理にほかならない。

かたち・かた・か——認識のプロセス

われわれは、〈かたち〉をもつあらゆるものに対して、人間の五感によって、それがどんなものであるかを直ちに感覚することができる。

これは人間に共通してそなわっている感覚で、〈かたち〉をとらえることができるからである。五感をもった人間は、子供や老人であろうと、男女にかかわりなく、感覚器官の障害者でないかぎり、すべての人間がほとんど同じように感じとることのできるものであるといえる。

この感覚のもつ特徴は、総合的であり直感的であるという点にあろう。〈かたち〉をこのように、総合的に直感的に受け入れることができるということは、人間の脳の構造がそういう受け入れかたができるようになっていることを示すものである。すなわち、かたちを媒体とするパターン認識という固有の能力である。

ここに〈かたち〉の重要な意味があるといえる。好ましいものか、どんな機能のものであるか、が〈かたち〉をとおして、五感で受けとめることですぐに了解でき、ばく然とではあっても総合的にわかってしまうというところに〈かたち〉の独特の特徴があり、特別の意味があるといえる。それは単純な物質の存在形態から、建築や都市のように複雑な存在の〈かたち〉まで含めて、すべての形ある〈かたち〉に共通に認められる性質である。

ところが、〈かたち〉をより正しく知ろうとするには、かりに、感覚で〈かたち〉をとらえたとしても、それだけでは不十分である。少なくとも〈かたち〉を理解するには感覚したことを裏付ける知識がそこに必要であり、知識を組み立てたうえにたって、〈かたち〉をみることがなければならない。〈かたち〉を知ることが必要である。

なぜなら感覚は、総合的に、直感的につかむことができる反面、しばしば誤って感覚するからである。したがって感覚が正しかったか、誤っていたかは、普遍的知識によって矛盾がないかどうかをあとづけし、〈かたち〉を理解するということがなければならない。

そうした理解は、おそらくさらに〈かたち〉についての興味を通じて、そのもつ本質的な意味を考えるというところまで拡大深化せずにはおかないであろう。

このようにして〈かたち〉の認識は、一般に感覚の段階から理解の段階へ、そして思考の段階へと、三つの段階を経て深められるようにわたくしには思われる。認識の三段階論である。

たとえば、ここにガラスのコップがある。われわれは、それが手ごろの大きさをもつ透明な円筒状のもので、軽く堅い容器であることを感覚し、その〈かたち〉から機能を直ちに全体としてつかむことができる。しかしガラスコップの〈かたち〉が、どうして丸く、透明であるかについては、ガラスという素材の性質や生産方法についての技術的知識がなければ、それ以上の理解をもつことはできえないに違いない。知識を媒介として〈かたち〉を理解する段階が、〈かたち〉を感覚する段階の次にあるというのはこのためである。

しかし、かりにコップの機能やガラスの製法が正しく理解されたとしても、それらがガラスコップの示す〈かたち〉のすべてではない。この〈かたち〉が、どういう意味をもち、人間生活とどういう関係をつくりだしているかについて問いかけていくことが必要であろう。それは〈かたち〉についてより深く思考するところから生まれてくるものである。

〈かたち〉についてのこのような三段階を次に示せば、

(1)	→	(2)	→	(3)
感覚		理解		思考
現象		法則性		原理

となり、〈かたち〉の認識のプロセスは、このような段階を経て、三段階ですすむと言える。言い換えれば、〈かたち〉を現象として感覚する段階から、〈かたち〉のなかにある普遍的技術あるいは法則性を理解する第二の段階に、そして最後に〈かたち〉の原理ともいうべき本質的問題をあつかう第三の思考の段階へという三段階である。

これを日本語の構成から次のように並べてみることができる。

∧かたち∨　　　∧かた∨　　　∧か∨
(1)　　　　　(2)　　　　　(3)
KATACHI　　KATA　　　KA

それは、∧かたち∨から個別的独自性をもつと考えられる∧ち∨をとり除いた∧かた∨、さらに普遍性をもつと思われる∧た∨を引いて残る∧か∨というこの三つの段階の設定である。かたちの認識には、この三段階があり、プロセスはこの順序ですすむという仮説である。

∧かたち∨

日本語の∧かたち∨は、〈形〉という字をこれにあて、(1)視覚・触覚によって知り得られる物体の有様、形態、(2)様子、(3)状態〈広辞苑〉を意味するもののようである。しかし本来∧かた∨〈象〉、〈兆〉という語から派生して∧かたち∨という語が生まれた〈日本古語辞典〉とされている。

そこで∧か∨についてはどうかをしらべてみると、∧か∨は、〈上〉、〈日〉で、ケと発音することもある。アイヌ語では上とか天を意味する原語であるらしいことがわかる。また∧か∨から派生転化したものには、神、上、頭《かしら》、かがやく、顔、処〈すみか〉、鏡、風、潟、兆、刀、門、金、交等がある。言語は、人間社会の進歩とともに組み立てられるものであって、けっして偶然出来上がるというようなものではありえない。

〈かたち〉についてみても、それは深い意味をもって成り立ってきたものだと考えるべきであろう。これを三段階の認識のプロセスにしたがって並べてみると、次のようになる。

〈かたち〉の成り立ち

(1)〈かたち〉→(2)〈かた〉→(3)〈か〉

そこでわたくしは〈かたち〉について、〈かたち〉というのは〈かた・ち〉、つまりかたとちによって成り立つものではないかとして〈ち〉について調べてみた。〈ち〉の原語は神秘力をもったもののことで、霊《ち》・主・父・血・乳・風・鉤・道等を〈ち〉で表わしているということがわかる。血というのは、人間の身体に霊が流れているという観念から出たもののようである。また道は、人を目的地に導く神秘な力があるということで出てきたと考えられており、その交点で物物交換をするところを市というのも、ここから出ていると言われる。父は、前世代の男性を尊んで〈ち〉といい、血液の遺伝に対して、この語が使われたのではないかとされている。神社の屋根にのっている千木《ちぎ》という飾りも、もともと霊の木という意味で、神秘力をもって神社をまもるという古代における重要な役割をもったものであったようである。風《ち》もまた、目に見えない力をもって木を倒し、家を破壊する神秘の力という意味から始まったものらしい。

こういうことから〈かた・ち〉というのは、(1)物体の有様、形状、(2)模様・パターン、(3)柔道・剣道の一定の動作、(4)演劇などでの一定の所作、(5)ある特質を完全に具備した理想的形式、(6)しきたり、ルール、(7)特徴をはっきり表わしている形態、典型、タイプ、(8)運、(9)ある形をつくりだす器、(10)その形に似せてつくったもの、という〈かた〉(型)の意味に、このような〈ち〉の意味を加えたものとして考えることができるのではないかと思われる。

すなわち、〈かたち〉(形態)とは、ある特質をそなえた理想的形式に、神秘力を加えたものである、ということになる。あるいはまた典型と個性の融合したものが〈かたち〉だともいえよう。これは〈かたち〉のきわめて基本的問題をつく内容だといってよい。

そこで次に〈かた〉についても同じようにして考えてみることにした。〈かた〉も〈か・た〉、すなわち〈か〉と〈た〉から成りたっているのではないかとして、それぞれの意味するところを調べ、これを複合して、〈かた〉の概念と一致するかどうか、またより深く内容を明らかにするかどうか、を見てみたいと考えた。

〈か〉は、先にみたとおり神である。神は言い換えれば天地であり、人間を含めた自然であろう。そこで私は(化)をこれにあてるのがふさわしいと考えた。化には(1)天地自然が万物を生育する作用、天地の運用、変化の法則、生滅、消長、進歩、変遷、(2)変化、変改、(3)徳教が行なわれて風俗のかわること、教化、恩沢、感化、(4)風俗、習慣、といった内容をもっているので、古代における〈か〉の意味する神・上・日に、化がもっとも近いようにも思われる。

〈か〉に対して〈た〉は、(田)、(手)等であって、田は土地または耕作地の意であり、手は、手そのもの、手のはたらきあるいは手のたての長さに基づく尺度の単位をあらわす。

では、〈か・た〉という〈か〉と〈た〉の組合せはどういう意味を示すであろうか。天地の運用、変化の法則とは、究極的に自然の法則にほかならない。また耕作地および尺度の単位の示すものは、法則性の人間的適用である。したがって、〈か・た〉の組合せは、自然の法則性の人間的適用をあらわしたものではないか。これは〈かた〉が技術的であり、普遍性をもった典型だとされていることにほぼ一致する。

こうして私は日本語の成り立ちからいって、〈かたち〉を〈かたち〉、〈かた〉、〈か〉に分けることができると考えるに至った。しかもそれはそのまま、〈かたち〉を認識するプロセスに一致することがその内容から明らかであるように思いはじめたのである。

くりかえして〈かたち〉認識の三段階を、書いてみると次のようになる。

(1)〈かたち〉　感覚
(2)〈かた〉　知識
(3)〈か〉　思考

設計仮説

〈か〉⇄〈かた〉⇄〈かたち〉

設計には認識と実践の二つのプロセスがあって、この二つが、複雑にからみあって成り立っていると考えることができる。

そこでいま、これを単純化して、認識のプロセスは、〈かたち〉→〈かた〉→〈か〉の三段階ですすみ、実践のプロセスは逆に、〈か〉→〈かた〉→〈かたち〉とすすむ。設計は、このような〈かたち〉の構造にしたがい、三段階ですすむという仮説を組み立てた。

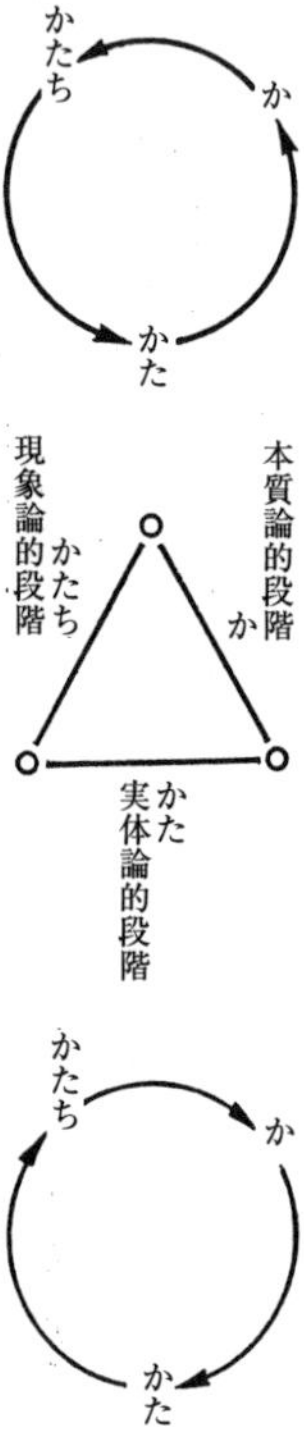

認識と実践のプロセス

すなわち、「人間の認識はまず即自的な現象論的段階、次に向目的な物の概念による認識をなす実体論的段階、最後にこれが即自かつ向目的に止揚され、本質論的段階に達する」（弁証法の諸問題 技術論 一七九頁 武谷三男）という概念発展の三段階の理論が、〈かたち〉に対しても同様に成り立つと考える。

〈か〉 ⇄ 〈かた〉 ⇄ 〈かたち〉
本質論的段階　実体論的段階　現象論的段階

しかし〈かたち〉の三段階には若干の独自性が認められる。その第一は三角構造をなすという点である。認識のプロセスは〈かたち〉→〈かた〉→〈か〉とすすんだ末に、それは再び〈かたち〉のより深い認識にほかならないというように環となり、同じように、実践のプロセスにおいて、〈か〉→〈かた〉→〈かたち〉から〈か〉にたちもどって、より高次の実践となるという、三段階は直線的ではなしに循環する環になっていると考えられる。すなわち三角構造である。

　前図で時計回りの方向に実践のプロセスはすすみ、時計と反対回りが認識のプロセスである。このようにして高まる構造は単なる環ではない。明らかにそれはラセン構造と呼ぶべきものである。第二に、〈かたち〉は単なる現象としての形態ではない。〈かたち〉そのものが最終的な、決定的意味をあわせもっている。したがって、これを構造として示すとすれば、同心円状になるだろう。

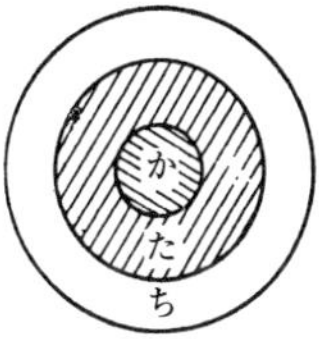

かたちの構造

　〈かたち〉の奥に〈かた〉があり、さらにその奥に〈か〉がある。つまり中心に〈か〉があって、そのまわりを〈た〉がとりまき、さらにその外周を〈ち〉がとりまいているという形である。そして中心は拡大して波紋のように広がり、つぎつぎに〈かたち〉のなかから新たな〈か〉が生まれ、それは〈かた〉となり、新しい〈かたち〉へと絶えざる運動をくりひろげる。そういう波紋のような運動を内在するのが〈かたち〉の構造である。

第三に〈かたち〉の三段階は、構想、技術、形態として考えることができる。いま本質論的段階〈か〉を構想の段階とし、実体論的段階〈かた〉を実体的な構造を明らかにする技術の段階、そして現象論的段階〈かたち〉を形態の段階とすると、次のような三角構造となる。

さて人間の物的環境は、これを、(1)機能的側面、(2)空間的側面、および、(3)生活的側面から見ることが必要であり、主要な側面はこの三つの側面である。これを認識と実践のプロセスで考えてみると、〈かたち〉は生活と機能との関係のなかから生みだされるものであり、〈かた〉は機能と空間との間につくりだされるものであり、〈か〉は空間と生活とのかかわり合いのなかで考えられるものである。これを図示すると次のようになる。

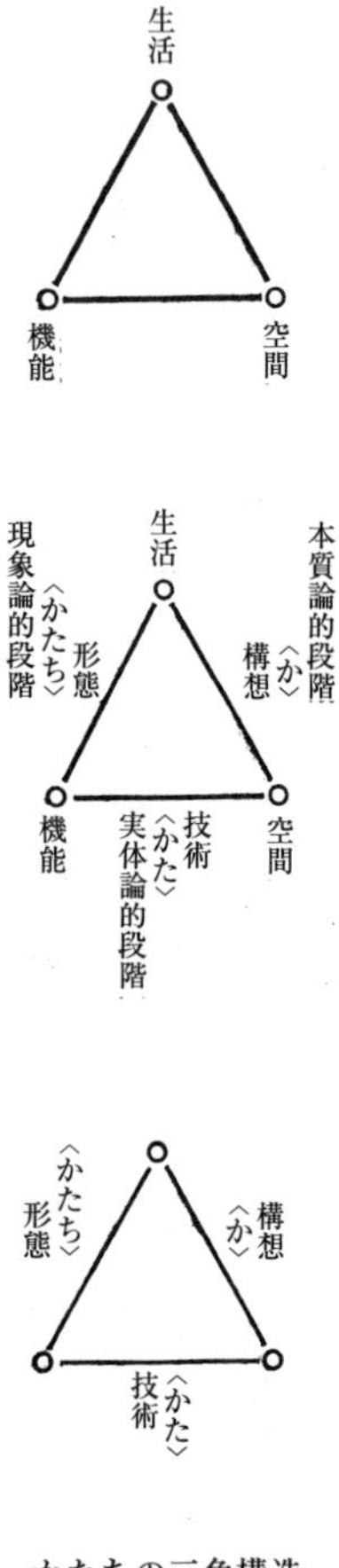

かたちの三角構造
(1)

しかも、この図で興味深いことは、三角形の底辺と頂点との関係であろう。

〈かたち〉は、究極的に空間そのものを問題にすることがわかる。また、〈かた〉は生活を支持するものであり、〈か〉は機能を究極的には指向するものであることを知ることができる。

構想とは、新しい機能の発見であるというのは、この三角構造から導きだされた一つの推論であった。

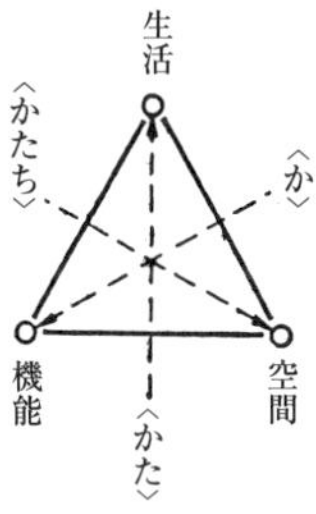

かたちの三角構造
(2)

こうして、〈か〉、〈かた〉、〈かたち〉の基本的構造の輪郭が明らかとなってきた。

つぎに〈か〉、〈かた〉、〈かたち〉の各段階について考えてみよう。

〈か〉構想的段階 (imaginative approach)

〈か〉とは、かくあるべきものであり、かくあるものである。これは、言い換えれば実践論的には構想 (image) としてかくあるべきだとする意欲を意味し、認識論的には秩序 (order) を見いだしそのものたらしめているものを認めようとする段階であり、もっとも本質論的段階であることは、いうまでもない。この構想の段階での興味ある問題は、新しい普遍的機能の発見にある。

たとえば出雲大社庁の舎の設計において、与えられた機能のほかにわたくしの求めた機能は、神域を照らす「あかり」であり、出雲大社本殿が倉とすれば、庁の舎は「いなかけ」でなければならないということであった。「あかり」であるべきであり、「いなかけ」であるものであった。

荒垣の中には、木造建築のみが建てられており、様式建築のみが存在する特殊な神域という環境と、要求された機能の追求からは、つまりわれわれが、これまでもってきた設計の理論では、なんの手がかりもつかめなかったことを告白しなければならない。わたくしはなにより現実に、出雲大社というものを前にして、これを理解し、深く認識することの重要さを知ったのである。出雲が果たしている日本建築における問題を探り当てないかぎり、一歩も設計ができなく感じられたのである。

特殊な条件から出発して、一般条件にいたる日本建築が普遍的に共通にもっているものの獲得が必要であることを意識し、ついに小泉八雲のいうような「夜見ると提灯のような日本の家」すなわち「あかり」に到達した。

また日本建築における空間的実体は柱と床であり、壁にはない。柱と床の構造をどこまでもつきつめていくと、その奥に「いなかけ」が浮かんでくる。「あかり」であり「いなかけ」であるべきだとする判断は、けっして出雲にのみ言えることではない。ひろく、一般的に言えることであり、普遍的機能につながるものをもっていると言える。

ある特定の方法で、特定の効果しかもたらさないというのは構想の段階とは言えない。もっと任意の実体が、任意の条件のもとで、いかなる現象をおこすかを明らかにするようなものこそ構想の段階といえる。構想の第二の問題は、新しい実体の導入である。

わたくしが建築にムーブネット（可動生活装置の単位）という概念を導入することを主張してきたのはこの一例であろう。すなわちとりかえのシステムをもつということである。

建築は、非常に多数の要素の組みあわせで出来上がっていることは、よく知られているとおりである。それらの要素は、空間単位である場合もあれば、素材別の部品であったりする。ところが、建築のなかで損傷しやすい部分や老化しやすい部分があれば、これにはその部分だけ部品をとり替えて対処してきている。全体からみると建築はこのとり替えという新陳代謝（metabolism）のシステムによって維持、運営されていると言える。

さらにこれを増築・改築という際の問題からみてみると、耐久力の長い部分と短い部分があって、短い部分については同じようにとり替えが必要となっているだろう。そういう場合のとり替え、あるいは、つけたし部分は、とり替えない部分との間に一貫した構造・仕上げ・素材・寸法の仕組みがなければならない。言い替えれば、とり替えによって、建築個体および建築一般に新しいシステムが生まれ、秩序がつくりだされるとも言える。事実、日本建築の歴史が、木造建築の歴史であるため、とり替えの問題を非常によく観察することができるし、ユニークな秩序がそこに創造されているのをみることができる。

伊勢・出雲に代表される日本建築の形態には、縮小されたものと巨大なるもの、繰り返し反復するものと、シンボルとして単一のもの、繊細なものと豪放なもの、というような対比的な関係をそこにみることができるが、歴史的にみた場合、形態的段階は神社の屋根の変化に見るとおり、豊富な発展をとげている。これが書院造の時代にはいると、木割、たたみ割に代表されるような一定の構成のルールが出来上がり、組織的職能としての技術者層を生みだすなど、明らかに技術的段階の特徴をそこに見いだすのである。そしてこの段階を経過した日本建築は、数寄屋茶室の時代に移行するのである。たたみ・建具・瓦の統一と、それらを構成するルールが、自由な造形、自在な形態を保ち補い、ついに空間環境の意味を問いかけるに至る。その表象が茶室である。武士社会のシンボルとしての城郭に対決した町人社会の新しい秩序が茶室としてつくり出されたと言える。われわれは構想の段階を容易にここに見いだすのである。

そして興味あることは、その結果増改築が自由に行なわれ、茶室のごときは空間単位として移動したことである。建築にあらわれる離れという用語は、母屋から離れているということであり、離れて自立したものであるという、こういう空間の取扱い、認識というものが当時きわめて一般化していたものであったことを示してくれる。こうして、とり替えの問題は、部品の規格化からはじまり全体構成のルール、そしてついにとり替えの空間単位ともいうべきものまで生みだしたという事実は注意されなければならない。現代における現実的課題となっている、機能変化に対し、これをムーブネットという実体によって、建築を基本的に考え直し解決していこうとするのは、構想の段階における新たな問題と言えるのである。

また京都国際会議場の設計において、会議場の〈か〉は国際会議の実態をまず知ることから始まったのである。そして、拒否権を行使し、政争の場となる国連形式の会議に対して、ここでは世界の共存と人間の自由平等を基礎とするような、今後の未来をつくりあげ、人類に貢献しうる会議の新たな形態から考える必要があった。

それは国連までの討議採決のための閉じた会議場ではなく、相互認識のために開いた会議場でなければならない。そしてそれは新しい〈会議場の典型〉とすべきものであるとしたのである。

代表団の会議スペースと、そのまわりに世界の耳目となる報道ブース（ムーブネット）をとりつけた新しい会議場の形式はこうして生まれ、機能別に層別構成をとった会議場は明らかに今後の会議場の有力な一つの方向を示し、典型となる提案となったものである。

〈かた〉技術的段階（technological approach）

設計の第二段階は、仮説でいう〈かた〉である。

わたくしはこの〈かた〉に対して典型（type）あるいは体系（system）という考えをとる。空間的認識としては典型であり、機能的実践としては体系ということになる。

〈か〉を〈かた〉の段階にすすめるということは、構想を実体概念で把握し直すということであって、〈か〉のままでは観念論で終わってしまう。

もう一歩実践に近づけるためには、実体、つまり技術的な媒介が必要になってくる。機能体系を空間の相互関係に移しかえるためには、現代の技術の背景がそこになくては、実体としての認識にも到達しえない。

わたくしが、第二段階の〈かた〉をテクノロジカル・アプローチ（technological approach）というのは、この意味においてである。

テクノロジカル・アプローチは、究極において人間生活を支持するためのアプローチである。生活空間をサポートしてきた日本のシンボルは柱であり、柱の体系だと言えよう。出雲の心の御柱、民家における大黒柱は、すべて生活空間をささえていることへの信頼であり、期待であり、表象であって、技術がこれに答えたものとしてわたくしは柱をみるのである。伊藤ていじのいう「日本の生活空間の構成は、柱によって成立する」というのは、このことをさしており、いろは訓義抄に「柱は家の始なり」とあるのも同じ意味を述べているものである。賀茂百樹は日本語源（下巻二一〇頁）で「柱とは、基礎と屋根との間にあって、両方をつなぐもの」であると述べているが、おそらく語源的にはこれほどのシンボル性はなく、両方をつなぐという機能を意味したものなのかもしれない。

ル・コルビュジエが、ピロティを感動をもって提案するのは、柱が生活空間をサポートするシンボルであることを洞察していたからであろう。

生活空間は京都の国際会議場においては会議場である。会議場は柱によって、より強くサポートされるべきである。サポートするためには構造技術、運搬技術、通信技術等々といった、現代の技術を駆使する必要がおこってくる。マルセイユのピロティの柱は二、〇〇〇トンの荷重に耐えぬいており、京都のプレキャスト十字柱は、六〇〇トンをささえている。もっと機械的なエレベーターのような技術的所産を考えてみてもよい。

一日二四万人を出入させる第三丸ビルのエレベーターは一六台であり、一万人に足りない京都のエレベーターの数は一二台である。エレベーターは、単なる運搬技術の適用による機械ではない。ここを同時に現代のベスティビュールとし照明とすることを、ここでは提案し問題としている。シーグラム・ビルにおいて、ミース・ファン・デル・ローエは、なぜかくも豪華にエレベーターをデザインしたのであろうか。彼はエレベーターが、機械時代における新しいベスティビュールだと予見したからではないか。われわれは技術を適用するにあたって、その目的が、人間生活を支持するところにあるということをつねに忘れてはならない。

しかし、わたくしは〈かた〉に対して、これを柱とかエレベーターあるいはピロティとかブースという、単独のそのもの自体が〈かた〉であるとは考えていない。

それは、ピロティとかコアを寄せ集めて、建築の総体が実体的にとらえられたとは言えないからである。

〈かた〉は、そういうバラバラの概念なり、実体の集合ではないと言えよう。あくまでそこに、それらの構成要素が抜きさしならない関係で結合されるような体系が、成立していなければならない。

ある時代、とくに様式主義から機能主義の建築に移りつつあった時代には、〈かた〉は、社会的にも建築種別そのものであった。市庁舎とか、工場とか、百貨店とか、あるいは鉄道駅はけっして教会のように造られるべきではなかったのである。

市庁舎のかたとして東京都庁（丹下健三設計）をあげ評価するのは、このような意味においてである。今日、建築種別すなわち機能別建築の役割はしだいにその重要性を失い、それに代わって幾つかの機能が複合された建築の問題が問題となってきている。〈かた〉はけっしてスタティックに固定化されて理解されるべきではない。つねに建築の当面する課題に対して流動的に考えられねばならないものだということができる。会館建築と呼ばれる複合機能の建築は、会館建築のかたが把握されておらず、したがって多様な要素をゴタゴタと寄せ集めるところから非難されている。

京都の国際会館の設計において、われわれの意図したところのものは、すべての人びとが、会館建築の成り立ちとその構造を直ちに了解しうるような新しい〈会館のかた〉をつくりだすことであったとも言える。

そこで同一機能を同一レベルで解決するという原則をたて、代表団階・報道員階・傍聴者階・事務局階・管理者階の五つの階でこの建築を構成したのである。

その結果、視覚的に外観に階別の一つの秩序があるように、建築内部でも、ロビー・会議場で同じ階別の秩序が感覚できるようにし、会館の一体感が、把握できる表現とすることができたのである。

このような解決、空間構成の前例はなかったため、審査員は困惑し、これを異教徒的だと評したのであった。

にもかかわらず、この会館のかた――複合機能の建築のかたは、しだいに現実化を獲得してきているようにみえるのは皮肉であるが、当然のことと言わねばならない。〈かた〉は多くの機能の相互関係を体系的に示すものである。したがって、けっして固定した概念ではないし、固定した形式であってはならない。

〈かた〉を、より空間的側面からつかむか、それとも機能的側面でとらえるかは、そのいずれであってもよい。

空間にしても、機能にしても絶対概念ではない、ある観点にたてば機能であり、別の視点では空間だということができよう。つまり空間と機能はもともと表裏の関係であり、究極は同じものに帰一するものである。〈かた〉はそれらののっぴきならぬ結合関係を問題にするという点でシステムであると言える。

〈ハサミ〉は右の刃と左の刃が、ビスで一つに結合されている。そしてビスをかなめとして、切るために動かす一つの道具としてみんなに了解される。

ここには「相互依存的ないし相互作用的な諸部分より構成される物的あるいは概念的統一体」（片方善治）というシステム（system）が成り立っている。これは一種の〈かた〉である。

しかも〈ハサミ〉だけでは、ハードウェア・システム（hardware system）構造技術系が成り立っているにすぎない。

いま、ハサミとハサミに手を通してこれを使う人間との〈ハサミ＋人間〉を考えると、ソフトウェア・システム（software system）利用技術系が成立する。つまり〈かたち〉である。システムにはシステムがシステムをつくるシステム（generating system）自己組織系がある。これはあたかも〈か〉に相当するだろう。つまりシステムには三つの段階があって、これを三角構造でみると、次のようになる。

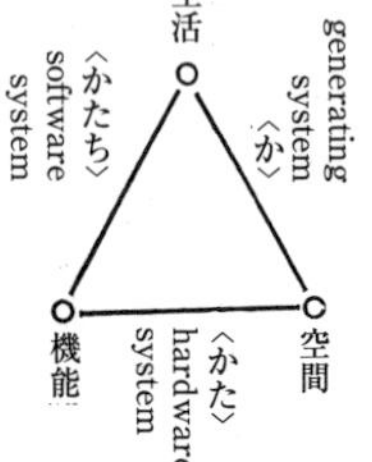

システムの三角構造

〈かたち〉形態的段階（functional approach）

設計とは、すべての物的環境（physical environment）の問題を、人間とのかかわりあいの中でとり扱うのであって、言い換えれば〈かたち〉の世界に属しており、人間・環境の領域の問題であるということができる。

〈かたち〉を媒介として、物質の世界と人間が接触し、そこに一つの相互関係としての環境を歴史的につくりだしている。このような環境の総体を、われわれは文明といっているのである。

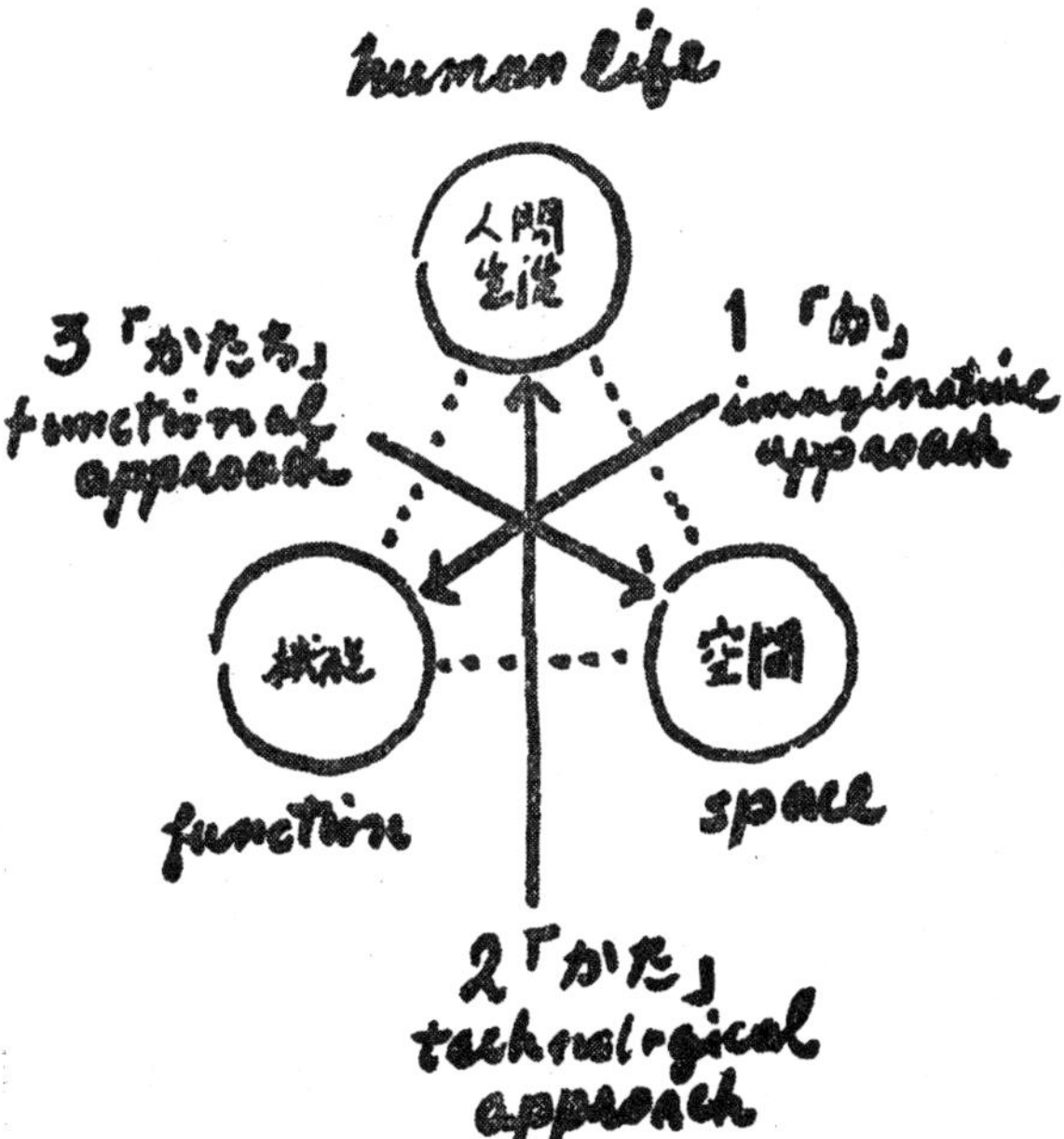
human life
人間生活
3「かたち」
functional approach
1「か」
imaginative approach
空間
function
space
2「かた」
technological approach

設計の三段階構造

物質の世界とは、自然ということができるから、自然と人間との間に、まず∧かたち∨を媒体とする環境がある。さらに社会と人間との間に同じく∧かたち∨を媒体とする環境があり、そして社会と自然との間にも∧かたち∨を媒体とする環境がある。

人間環境には、このような三つの環境があって、それぞれ空間・建築・都市と呼んでいる。そのいずれにも言えることは、なんらかの人間の手、技術が加えられているということで、これらの環境は、けっして自然そのものではない、人工の∧かたち∨のうえに成りたっているということである。さらにいうなら、自然の人間化によってつくり出してきた第二の自然に接近する∧かたち∨なのである。

∧かたち∨によって自然を認識し、また自然をつくり変えようとしてきたのは∧かたち∨であり、自然に適応してきたのも∧かたち∨である。

空間環境によって建築環境は成り立ち、建築環境によって都市環境はつくりだされている。これらの環境はすべて∧かたち∨によって現実化され、ある体系をもって自然・人間・社会に適応する。人間・環境の自由を獲得するために、つくり出した人工の自然が、人間・環境に影響を与え、しかもさらに自然のように、そこに適応を要求する。それらの∧かたち∨が、やがてわれわれを取り囲み、われわれと応答し、われわれをつくり替え、適応せしめることになる。

∧かたち∨は人間を開放すると同時に重苦しいある種の規制的適応を要求する。

これは∧かたち∨において、∧かたち∨をつくる立場と∧かたち∨を見る立場の亀裂をしめすものである。〈かたち〉の実践では、自由実現の存在であるが、一方〈かたち〉の認識は、拘束的存在として映る。〈かたち〉の本質的矛盾であろう。この矛盾によって〈かたち〉は、人間化と自然力を統一しようとする。そして独自の複雑な環境の体系をつくり出してきていると言えるであろう。つまり内部のものを外部化するとき〈かたち〉が媒体となり、外部のものを内部化するときにも〈かたち〉が媒体となる。

これは端的にいえば環境の代謝作用である。外化作用（catabolism）と内化作用（anabolism）によって、人間と社会、社会と自然、自然と人間の間に、環境の代謝が同時にすすんでいるとみることができる。

この代謝の媒体は〈かたち〉にあると考えられる。しかし〈かたち〉のみではない。〈かたち〉のなかの〈かた〉であったり、〈か〉であったりする。つまり概念を含む〈かたち〉の総体が媒体であるところに意味がある。

したがって〈かたち〉にとって、人間化が効率よくすすむとも、自然化が自動的におこるなどとも、とうてい思えない。おそらく〈かたち〉は人間にも自然にも近づきながら、全く独自の体系をそこに展開し、生長していくものではないか。これは環境の媒体としての〈かたち〉が、独自のもう一つの環境をつくるということを意味する。

〈かたち〉は人間の感覚器官の延長であると同時に、社会の環境秩序の外皮であり、そして自然の運動のシンボルともなるというような形で環境を構成する。このような〈かたち〉の環境を、わたくしは第二の自然と名付けたい。

第二の自然、これが∧かたち∨の世界である。もちろん∧かたち∨の世界には、五感でとらえられるものと、とらええないものが共存しあっている。目に見える世界と、目に見えない世界がある。内化作用は、どうしても目に見える、とらえやすいものを対象とし、領域と考えたがる傾向がある。

しかし目に見えない世界、まだ∧かたち∨として定かでない外化作用のもつ意味は捨てられてはならない。絶えず、目に見えない世界を見える世界に繰り入れていく過程、それは激しい代謝そのものであり、創造ということができる∧かたち∨の運動である。

さて、われわれは単なる現実認識のために、仮説を立てたのではない。

現代の建築ならびに都市の問題に直面し、そこから現代をおしすすめ、変革しようとする手段として、∧設計仮説∨をつくり上げる必要があった。われわれの設計という実践の場で、この仮説を忠実に適用し、新しい建築をつくっていくと同時に、われわれのこの設計理論の範囲をこえた問題にも、率直にとり組んで、この仮説を、さらに新しい確実な設計の理論として育てていかなければならないと考えてきた。

そのためには設計仮説を、設計において適用するだけでなく、過去の建築に向かって問い、歴史にこのプロセスをあてはめることによって、現実の問題をえぐりだし、すすむべき方向を大胆に提案しなければならない。また設計組織に対してこれを適用し、よりすぐれた創造的人間的組織のありかたを模索し、第二の自然をとおして、社会につながる道を、そして社会を変革する道をつくり出していかねばならない。

そうして初めて設計仮説を設計理論と呼ぶことができるのである。このとき設計理論は、現実に対するわれわれの知識を矛盾なく整理するものとなり、この理論によって実践がすすめられ、目的に到達できることで、現実に対してその有効性を発揮しうるものとすることができる。また設計理論は、現実に一致し、理論的に矛盾がなく、理性の要求を満たしうるものとなる。

理論を現実に対して有効なものとするには、「理論はつねに危険をおかし、成功と失敗によって自らを鍛えねばならない。現実は複雑であり、豊富である」（弁証法の諸問題　武谷三男二一頁）のである。

空間は機能をすてる

建築の理論は、二十世紀初頭に出現した機能主義から、実体主義あるいは構造主義へと移りつつあるように見える。

いま二十世紀後半を迎えてようやく、これまでの機能主義の限界と、これをのりこえる新たな理論の必要が問題となってきたわけである。シカゴの機能主義者ルイス・サリバンの「形態は機能にしたがう Form follow the function」という言葉はあまりに有名である。

ここに明らかにされていることは、まず形態と機能の関係について述べていることである。形態と機能との関係から、建築をとらえ直そうとしたものであって、それだけに強く形態的な形式主義の様式建築を打破しえたのであると言える。

形態のいたずらなバリエーションと組合せによる構成に終始していた様式主義の理論の否定には、決定的な力を発揮しえた機能主義も一方で形態そのものにとっての欠くことのできない美学的側面を、「美しきもののみ機能的である」という丹下健三の規定によって補う必要があった。

「形態は機能にしたがう」という主張と「美しきもののみ機能的である」とする規定によって、機能主義は成立した。そこでは機能に忠実な表現としての形態があり、それは単純かつ単一の機能であればあるほど明快な形態とすることができた。したがって機能純化あるいは分化しようとする運動が潜在的にそこに内在していたといえる。そしてさらに機能と形態との対応関係についての主張は、適材適所主義を徐々に助長していった。全体にたいする部分の優位化をもたらしたのである。

この結果、形態を問題にしようとする場合、つねに機能そのものをどう考えとらえるか、から始める必要が生じてきた。機能そのものを取りあげ、機能をどう理解し解釈するか、さらには機能にどんな意味を与えるかといったことが、構想を実体化するうえでの重要な問題となったのである。

ここで特に注意しなければならないことは、第一に機能分化によって目的・内容が明確化されることと、建築・都市という環境の総体、すなわち多種多様にからみあった機能に対応するものをとらえることとの関係についてであろう。部分の明確化が、ただちに全体の明確化には結びつかないと

スカイ・ハウス　1958

いう点で、機能にはおのずから部分の相互関係を明らかにするものと、部分そのものを問題にするものがでてくるのである。このような関係は無限の広がりをもっているであろう。言い換えれば、機能相互間の関係と同時にハイアラーキーがあるということになる。もしこのようなハイアラーキーをもった機能系の全体をとらえようとするには、少なくとも機能の全体系を問題にしなければならないことになる。

その場合機能系相互の関係を体系的にとらえ得たとしても、全体系をとらえるということは容易ならざることであると言わねばならない。

そこに、他の領域と無関係にある領域で成立する体系の存在を認めうる法則性があるとすれば、これをレベルと呼び、レベル内での機能系を物的環境においても問題にすることができるであろう。建築のレベル、都市のレベルというのはこうしたことから言われはじめたものである。

そしてこれは建築・都市というものを自立系とみなす一つの概念であると言える。自立系は当然内部の機能を緊密に結合し、体系化することによって有機体的性格を示そうとするのであるが、他方外部との間には不連続な関係、さらには排他的な独自性をそこに示そうとする。

したがってこれはレベルを認め、環境の総体を個別的にレベルごとにつくり出していこうとする立場と、ばらばらの機能をつなぎこれを明確化し、それらの組合せが結果的に環境を形成するとする立場の二つの立場を成り立たせる。そしてそのいずれの立場も認められねばならないものであるが、ただ把握できる機能のみが問題にされやすいということと、機能が実体化され空間となったとき、そこに予定機能以外の機能が数多く付加されてくることをあわせて考えておく必要がある。

第二に、機能変化によっておこる問題である。建築を三次元としてではなく、四次元の世界としてとらえようとする認識の変化は、すでに時間・空間・建築 space, time and architecture にギーデオンによって述べられている。そのなかで「偉大な数学者ヘルマン・ミンコフスキーは一九〇八年自然研究会の会合で、つぎのように述べている。『今後、空間それ自体とか、時間それ自体などというものは、単なる影として消え去る運命にあり、ただ、これら二つのものの一種の結合だけが、その存在を維持してゆくことになろう』と」（太田実訳　丸善出版　四七四頁）にもかかわらず、本質的には時間・空間のこの認識の変化を彼は理解できなかったようである。

時間を建築（空間）の認識に組み込むというこのような考えは、機能と形態との関係において、機能が流動的に変化する場合の問題を当然とり扱わねばならないが、彼は形式的に芸術に表われた変化や、建築・都市におこった動的要素を形式的に指摘し、記述するに留まって、時間によって生ずる機能の変化には触れることをしていない。

建築はこれまで、形態の永遠性（eternity）を認め、絶対形態を目標とする芸術を導き入れ、時間からの絶縁を意図してきたといえる。ところが機能変化に応じて変化する形態と、その方法を組込もうとする時間建築では、これまでと全く異なる考えかたを組み立てることが必要となる。永遠なる全体としての形態を問題にしているかぎり、変化する形態をとらえていくことは困難である。

そこで全体を構成している形態的最小要素としての空間をとりだしてきて、この空間を機能変化に対応させて考える。そうすれば機能変化は、幾つかの空間の構成の変化であると考えることができる。当然そのためには建築は、どのような空間とその構成によって成り立っているであろうかに考えすすまねばならない。これは機能的アプローチに対する、空間的アプローチということができるかもしれないものである。空間そのものを、実体的に構造的に理解し、その組織を問題にしようとする、このような方法の時代を実体主義とか構造主義と言っているのである。

フィラデルフィアのルイ・カーンが〈空間は機能を啓示する〉と述べているのは、建築に対するこのような実体論的認識の必要を示したもので、機能を啓示するような空間そのものを問題にしなければならないことを明らかにしたことに一つの大きな意味がある。さらに空間には、空間相互にある関係づけがあって、全体を構成しているといえる。彼はマスタースペースとサーバントスペースという二つの空間系をとりあげ、これを対立的に組み合わせながら、空間体系を追求しようとしている。ここでは機能を媒介とすることなく、空間を直接的に問題にしていると言ってよい。いずれにせよこのような機能変化にたいする空間的アプローチが、代謝更新（メタボリズム metabolism）や進化という概念を生みだしたのである。こうした状況のなかで、私は〈空間は機能をすてる〉ことによって、かえって人間の自由にふるまえる空間が見いだせるのではないかと考えたのである。

すべての建築は、ある時間を経過すると、それがもっていた機能と形態との結合関係は、不明瞭かつゆるいものになって、形態から機能主義が言うような対応関係は、もはや見られなくなる。しばしば時間は機能を変化させ変容させる。たとえば桂離宮において、最も印象的な雁行する部屋の配置について、これがどのような機能に対して考えだされたものか、なぜこのような形態をとることになったのか、時代が移り、生活様式が変わってしまうと、全く理解されなくなってくる。

これは台所からのサービスを考えた中廊下と、庭に面する客室への通路としての回り縁によって構成された一つのパターンであるとする川添登の洞察や、雁行配置という伊藤ていじの解説があるが、いずれも実在する形態あるいは文献からの時代考証で想像し、推論するにとどまり、依然として機能と形態との関係は、ぼんやりしたものであることに変わりはない。

形態は機能の推理を刺激したのである。建築のつかわれ方、すなわち機能がこのようにすでにばく然となり、失われてしまっているようにみえる建築にも、その形態の美しさ、素晴らしい造形というものには十分魅せられる。過去の遺跡や、遺構はそういうものである。建築の永遠性は拒否するが、形態の永遠性は失われないのである。機能は失われても形態は主張しつづける。けっして＜美しきもののみ機能的ではない＞のである。

形態の美しさは、常に生々と建築が機能しているところにのみ生まれるものではない。むしろ建築から機能が欠落し、存在としての環境的空間に立ちかえっていることによって、より容易に、より強烈に発見される場合があり、感じとることのできるもののようである。機能主義からいえば、まさに抜け殻のような形態から、なぜ美が感じられ迫力が生まれるのか説明できない。

伊勢や出雲をみるとき、われわれはオブジェとしての形態をみて感動するのであろうか。それもあるかもしれないが、しかしおそらくそれに加える何ものかがなくてはならない。

たしかに当時の世界、生活をこれらの建築にみることはできえない。時間が人間とのかかわりあいをぬぐいさり、ただの空間に静かにかえしている。気がつかなければ、いつまでもそのままそこに存在するまさにそのような空間である。それは機能をすてた空間である。

そうした空間に感動したり、刺激をうけたり、啓発されたりするのはなぜか。それは空間に新しく機能を発見するからであると考える。古いきずなは、完全にぬぐいとられているほど、機能はかえって発見しやすい。比較的新しい建築で、発見のよろこびが少ない場合があるのは、この機能と形態とのつながりが、邪魔するからである。機能をすてた空間こそ、もっともよく機能を発見することができる空間であると言える。したがっていいかえれば空間は、機能を発見しうるような空間でなければならないのである。

現代の人間と空間との関係において、考えられる生活は、空間に自由に機能を発見し、独自の選択にしたがって機能させるという形が望ましく、特定の機能を強制するような形であってはならないであろう。したがって、空間を意図した機能啓示の媒体と考えることは、生活者としての人間を拘束するだけでなく、計画者としての建築家を全人的、神のような存在におくことになってしまう。

ここで気づかせられるのは、限定された機能をもつ空間もないではないということである。たとえば浴室とか便所あるいは牢獄のようなものである。こういう特定の機能に対応する空間は、ここで述べている空間とはかなり相違しており、明らかに分離して考えておいた方が良いようである。そこで特定の機能を除いて考えた場合、このような自由に空間に機能を発見できる生活環境として

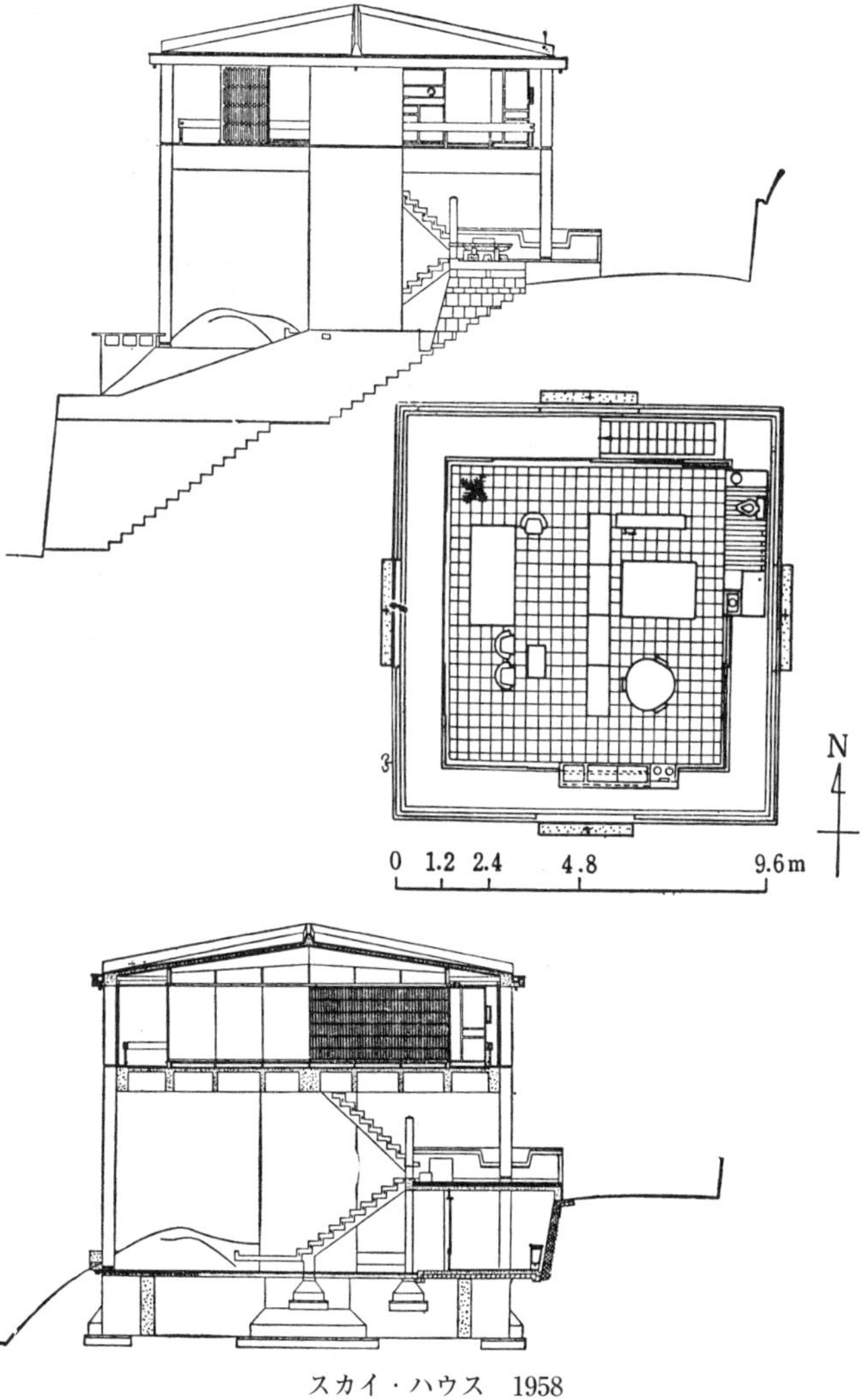

スカイ・ハウス　1958

考えなければならないという建築の理解は、けっして特殊な理解ではなく、また誤った建築の認識でもないということがでてくる。生活こそ機能の更新であり、生活の主体としての人間はつねに機能を選択し、創造するものである。空間は機能を媒介として形態づけられる。しかし機能によって空間を窒息させることも、人間生活の鋳型として空間をみることも、ともに精神の尊厳から避けねばならないであろう。

＜空間は機能をすてる＞ことによって人間を開放し、自由を獲得し、精神の高貴を讃え、人間の創造を蓄積し、よく多様な文化の胎盤とすることができるのではないか。

そこで空間は機能をすてうるほどの――あるいは分離しうるほどの――機能的追求が求められてくる。そして機能と空間の関係から、ムーブネット（可動装置）という概念を生み、これを抽出することになった。そして、動く空間と動かない空間を問題とするに至る。

さらについには建築を三つの装置によって成立するという考えに導いていくのである。また一方第二の自然とも呼ぶべき、進化する人工の環境にたいする認識につながっていくのである。このような認識こそ、機能主義にまっこうから対立する新しい認識の必要を明らかにしたものである。

か・かた・かたち――実践のプロセス

方法論

〈かたち〉の認識が三段階ですすむことがわかったとき、〈かたち〉を創造しようとする実践のプロセスは、認識と逆に、〈か・かた・かたち〉というように進むのではないかと想像せしめる。まず、構想からはじまって、その構想を諸技術を媒介として現実的なものとし、さらに機能的諸条件をベースにして、具体的〈かたち〉に転換する、という実践の三段階が成り立つのではないかという想像である。これが設計仮説として述べたものであった。

おそらく実践でも認識のプロセスと同様、つねに〈か〉から始まるというものではないだろう。〈かた〉から〈かたち〉、そして〈か〉へ、あるいは〈かたち〉から〈か〉、そして〈かた〉へ、というような場合が十分考えられる。つまりいずれから始まるにしても、その向きが認識とは逆方向だということだけは守られるのではないかというわけである。

そしてそういう、∧か・かた・かたち∨は、環になっていって、しだいに、ラセン状に循環していくことで∧かたち∨の創造性は強化されてゆくと考えられる。

さてここで実践の構造についてみていくと、実践だけで成立しうるものではなく、認識を含んで、はじめて成り立つというものではないかということが考えられる。実践の過程でつくり出される∧かたち∨に対して、そこに絶えず∧かたち∨のもつ本質的意味を考えるという認識をあわせもつことになるであろうからである。

これは実践の構造のなかに複雑に認識の構造を内に含むことを意味する。しかし複雑であると同時にきわめて直観的に∧かたち∨のもつ本質に接近しようとする、それは認識である。このような認識とは、創造的認識と言ってもよいものであろう。

認識の三段階

次のような三段階が認識にはある。意識・知識・認識がそれである。実践的認識はそこで意識から、いきなり本質をつきとめ、構想に結びつくという経路をたどり、知識を媒介とはしないところに特徴がある。

芸術家が、しばしば〈かたち〉をみて、そこに本質を洞察しうるのは、絶えずこのような創造的経路をたどっているために、実践的認識をするからだと考えられる。ここで〈かたち〉と言っているのは、けっして実在する具体的〈かたち〉のみではない。

実践のプロセスにおいて出てくるのは、設計としての〈かたち〉の場合もあって、それは具体的〈かたち〉と同一のものではない。一定の約束にしたがって想像することで、はじめて〈かたち〉を意識することのできるものである。そのためには設計図、スケッチあるいは模型が普遍的共通の方法として採用されているが〈かたち〉は意識的想像によってしか実践的にはとらえ得ない。

これを計画的〈かたち〉と言うなら、計画的〈かたち〉は、実在する〈かたち〉とは違って、想像するというプロセスが一段階はいってくる。想像が本質的でなければ、構想は狭い、ゆがんだものとなるであろう。しかしまた、想像という過程をとおすためそこに意外性を発見するということもありうることである。それはすべて、〈かたち〉を想像するというプロセスが介在するところから出てくるものである。この想像的〈かたち〉は、したがってあくまで〈かたち〉を創造する過程なのである。

さて〈かたち〉の創造の過程を正しく導くには、そこになんらかの方法論が必要となる。いかなる方法が適切か、どうすればもっともよい〈かたち〉が得られるかを考えなければならないだろう。したがって実践論は、言い替えれば、〈かたち〉を創造しようとする方法論であるとも言うことができる。〈かたち〉をつくりだすための一定のやり方、順序が、すなわち〈かたち〉の方法論

(methodology) である。

正しい方法からは、期待する目的と適確な成果、目的の効率的達成が得られるが、誤った方法からは、正しい結果は得られない。では、〈かたち〉の方法論は、どのようなものであろうか。〈か〉→〈かた〉→〈かたち〉の三段階で、すすむという考えは、はたして現実の創造のプロセスに一致するものであろうか。これは、おのおの具体的な設計において考えてみなければならない問題であり、そこから方法が検討されねばならないものであろう。

いま、〈か〉=構想、〈かた〉=技術、〈かたち〉=形態の各段階においての諸問題を、自由にとりだして順次述べていくことにしよう。そして最後に〈か・かた・かたち〉をとおして全体の問題を考えてみることにしたい。

構造的段階=〈か〉

構想とは、イメージ(image)とかビジョン(vision)といわれ、思索の全過程にすじみちをつけ方向づけることをいうのである。現実の状況、現実にある矛盾、をどのように認識するかが、その出発点になることは明らかなところである。そしてそこで問題になるのは、現実に対する洞察力であろう。現実のなかから、どのような問題を汲みとるかは、一つに感覚による。わずかな問題のなかに将来を見る鋭敏な感覚の媒介なしには、洞察はできえないといってよい。

「建築は、常にそのつくられる社会の全生産体系と密接に結びついているということができる。

……建築をつくり出すための諸材料の量や質は、その時代の富や技術に関連するし、……それだけの高さの生産体系を求めるには、そのうらにそれを生み出した社会構造も問題となり、それがまた建築の構想の上に反映される……」（建築家論　四三三頁　建築学大系　吉阪隆正）。構想は、上部構造のみから生みだされるものではなく、下部構造からも同時に引き出されてくるものであることを、吉阪隆正は指摘している。

現代建築の発展は、きわめて急速でありとくに二十世紀に入ってからの諸技術の進歩によってもたらされた成果は、それ以前のわれわれの環境を大きく変革したといってよい偉大なものがある。人間をとりまく物的環境は、このようにして着々として理想に近づき、実現されつつあり、やがて自然にかわる、より人間的人工の第二の自然を構築するかに見えるのである。しかし、社会のボディとしての建築をふくむ環境が、すべての人々にとって好ましいものであるかどうかを見ていくと、そこにはかなり違った状況があって、けっして民主主義社会のボディとは言いえない、悲観的な諸相にぶつかる。

建築は民主主義の理念を基礎としてつくりだされるようになってきたとはまだ言いえない。依然として「支配階級の権力の維持・拡大・富の蓄積、ぜいたくな生活などに、直接、間接に役だったかぎりで、科学や技術は発達してきた」（建築家論）し、建築もまた同様につくられてきたのである。

二十世紀の建築は、一部特権階級に奉仕するのではなく、大衆の建築として出発し、建築家は公共的建築によって独立したはずであった。

しかし「古代エジプトは、一方ではピラミッドのような、おそろしく巨大で、しかも精密な寸法の建造物をつくる技術を発達させていながら、鉱山の採掘の技術は、きわめて遅れていた。支柱で天磐をささえる技術も、ろくろく発達せず、落盤がひんぴんとおこったようである。…おそらく、それは当時の鉱山労働の多くが、奴隷によって行なわれていたためと思われる」（自然科学概論　六頁武谷三男）同じような事態が、今日はたして、ないと言えるであろうか。

一方で超高層ビルが建設され、あらゆる技術が結集されながら、建設の生産体制は旧態依然とした請負制によっており、そのため技術の開発蓄積が正しく行なわれず、安全保障が確実に行なわれえないという面がないと言いきれるであろうか。

おそらく相当の技術的開発がそこで行なわれたであろう。しかし「古代エジプトのピラミッド建築は、その意味での技術体系のアンバランスを極端に示すものであった。……力学的法則を極度に駆使し、測量技術の粋をこらしたものだが、それは同時に数万の奴隷労働をベースにするものであった。そのために、当時、車輪はすでに戦車として登場していたにもかかわらず、巨大な石材の運搬用には、まったく考えられず、むろん家畜にそれを引かせる技術なども、考えられなかった。」（同　二一頁）のである。とくに建築のような総合技術のうえに構築されるものの場合、アンバランスな体系による環境のひずみは、社会的に有害だといわねばならない。

なんの根拠もなく、オフィスビルの玄関ホールに、外国産の大理石が競って使用されることなどは、全くひずみという以外に理解しようのない現象といえよう。こうした例は、枚挙にいとまがない。われわれは、いま計画的に、社会全体の富を増し、第二の自然を獲得しようという体制にないし、論理をもっていないかに見える。そういうところに、正しい、生々とした、人間的な構想が出てくるであろうか。また環境がつくりだされると言えるであろうか。

二十世紀の後半を迎えて、建築家は、あるべき民主主義社会の空間環境を雄大な構想で描き、かつ、これを実現することのできる数少ない職能であり、つくりだす能力をもっていることを自覚し、この力を発揮することこそやりがいのあることだと認識すべきである。

技術的段階＝〈かた〉

「利休好みとは、茶聖利休が茶湯道具にたいして構成したところの嗜好をいう。あえて茶湯道具とかぎらず、これが日本人の衣食住生活の全般にわたっている点で、さらに文化的に意義深いものがあるといってよい。……利休その人が好んだと推定し得る程度のもので、道具の形の上から、これと推量できるものを、特に利休形と称する。この利休好み、利休形こそ、茶聖利休の審美感を代表するものなのである。

さて、これら利休好み、利休形は、一見したところ、極めて素朴な平凡な品物である。しかし、いかにも使用に便利で、重宝で、われわれの現実生活と密接な深い関係があるようで、いくら使っても、毎日ながめていても、あきないものである。そこに日本人本来の趣向にかなった簡素な、調和のとれた美しさが見出される」（千利休　一九八頁　桑田忠親）。これは利休好みと利休形の説明の引用であるが、∧かた∨の一面をよく言い表わしたものといえる。いろいろのものが利休によって考えだされているが、私はそのなかでもきわ立って、鋭さを覚えるものに、すみとり籠がある。金属製や陶製では、いかにも重い。木製では嵩《かさ》ばる。なんとも軽々しい竹籠はその点炭にぴったりしており、実に心憎いばかりである。誰が考えても究極的には、そこにゆきつくであろう。

この籠が∧かた∨である。形は大小・角型・筒型いろいろあろう。しかし入れ物としての器は、籠だとした、この∧かた∨は後世まで変わらず残ったのである。∧かた∨を見抜くこの目、感覚に驚かされる。∧かた∨というものはこのように緊張のなかで、発見されるものでもある。なんどもなんども、くり返し模索しているうちに、そうした操作を媒介にして、突然発見されるものであろう。

現代建築の∧かた∨を考えるうえで、一つの糸口となるものは、(1)可動性（movability）(2)可変性（changebility）(3)適応性（adaptability）などである。

これは、制御機構の高度化や、代謝組織の進展がみられ、最適適応の問題が次第に考えられるようになってきたことによる。いずれも、より人間的環境の∧かた∨を問題にするところからくるもので、かつて石炭置場のシェルターに建築賞がわが国で出されたことがあった。人間生活と関係のない構造技術の問題は、建築の問題とは全く違うものであって、建築賞の対象としてははずれているのではないかということをこのとき指摘したことがある。∧かた∨を技術的段階とはしているが、しかし技術そのものでは意味がないのである。構造技術・設備技術・積算を含む施工技術、あるいは生産技術等の諸技術を、人間との関係でみていき人間環境を支持するという目標のもとに一つの総合された技術体系としてこれを考えるとき〈かた〉が生まれるし、そういう〈かた〉こそ必要なのである。

形態的段階＝〈かたち〉

〈かたち〉について、重ねて断わっておきたいことは、〈かたち〉がたんなる〈かた〉の展開というように、ごく簡単に、わたくしはいっているのではなく、組み立てられた〈かた〉が、〈かたち〉という実践をとおして、検証されるということの重要さを、逆に指摘したいのである。

〈かたち〉がうまくいかないとき、たしかに展開の仕方のまずさもあろうが、なお〈かた〉の欠陥についても反省するところがでてこなければならないであろう。〈かた〉の正しさというか、健全さについて〈かたち〉からの、はね返りが必ずある。〈かたち〉がそのよりどころとなるのである。これが実践から得られる重要なところであって、だからこそ〈かたち〉のまずさを、あくまで納得しないという素直な態度が不可欠である。空間はこのような〈かたち〉を媒介としてつくり出される。そういう空間について「空間は機能を啓示する」というルイ・カーンの考えは、空間から人間への一方通行の情報を意味し、空間から機能を見いだし、機能をとおして建築を変革するという人間生活の側からの参加がそこにないかに見える。これが彼の建築をスタティックにする理由となっているのではないか。

これまで空間は、破壊されるか、保存されるしかなかった。しかし、もし空間に機能を発見できるものなら、そして発見できるような空間をつくるなら、それは新しい自然をつくることにつながるだろう。つねにつくりかえていく環境とともに、それは地球上に蓄積していくことのできる、新しい人工の自然をつくることの可能性を暗示する。そのような空間は、機能をすてた空間でなければならない。すてなければ発見しにくいし、したがってみんなのものになりえないし、受けつがれえないものとなる。

「形態《かたち》は機能にしたがう」でも、「形態《かたち》に機能はしたがえられる」でも、また「形態《かたち》は機能を啓示する」でもない。形態《かたち》は機能を媒介とするにすぎない。機能を媒体として生まれた形態《かたち》も、形態によって機能を失い、ただの空間に帰っていく。自然にかえすのである。

塔状都市や海上都市は、そういう意味では、まさに空間というべきものへの提案にほかならなかった。第二の自然であり、人工の自然であって、そのなかに、機能は発見されるものである。自然より、はるかに住みやすい人間のための自然を、そこにつくろうとするものであった。

さて、こうして〈か・かた・かたち〉——実践のプロセスについて述べてきたが、われわれは、今日のわが国の建築のおかれている状況を、実践的立場からどのように理解すべきであろうか。また現代建築を形態的に模倣するという段階、また新しい技術を導入し、諸技術を体系化し高度化していく段階、あるいは現代建築のあるべき姿を追求し、そのなかに伝統、機能、技術の諸問題を否定的に解放し、統一するという段階を方法論に照らして検討し、このいずれの段階にあるかをみきわめていくべきであろう。

〈かた〉

設計仮説では〈かたち〉の基本であり、ベースであるとする〈かた〉の段階について、ここでもう少し考えてみたい。

設計のプロセスにおける〈かた〉の段階をかりに認めるにしても、〈かた〉とは一体いかなる概念であるのかという問題をとおして、もう少し〈かた〉そのものを明らかにし、都市あるいは建築で〈かた〉は、どうとらえられねばならないか、とくに、現代において〈かた〉をどう考え発展させるべきか、について考える必要があると思われるところを明らかにしたい。これは現代都市および建築のおかれている状況を、科学的にいかに理解するかということに対してと同時に、設計において問題がいずれにあるかを示し、その進むべき方向を明示するに違いないと思われる。〈かた〉は少なくとも、そういう問題を設計にもち込むものであると言える。

まず〈かた〉とはなにか、を考えてみると、それは感覚ではなしに知識によって理解することのできるものであると言える。知識で理解しようとするのは、ある概念にもとづいて判断しようとすることで、言い換えれば、こんとんとした〈かたち〉をなんらかの体系のなかに位置づけ、くりこみ、秩序づける知的操作であるように思われる。

＜かた＞とは、理性的な操作方法であり、確からしいプロセスであり、部分と全体というような形の相互関係である。いずれにしてもこのような体系化の操作を含んでいる。

したがって＜かた＞は、特殊な場合に成立するものであるが、よく考えられた＜かた＞は広い普遍性をもち、長く生きつづけるものとなる。それは特殊な問題から出発して、どこまで範囲を拡大し、どれほどの問題に対して、つきつめて考えられたかによって＜かた＞の有効性の限界が決定づけられることを示してくれる。

特殊解で終わった＜かた＞は、その適用範囲はおのずから狭く限定され、また反対によく考えられた＜かた＞は、より広い普遍性を獲得することができる。これを、低次の＜かた＞と高次の＜かた＞という言い方をするとすれば、一般に設計において＜かた＞は、低次から高次にすすむということができる。さて＜かた＞を別な角度から眺めてみよう。わが国では生花や碁・将棋等のゲーム、あるいは柔・剣道等で＜かた＞という言葉を用いてきている。そこでは＜かた＞はどういう意味に用いられているであろうか。

天・地・人という生花の＜かた＞の一つをとりあげてみると、これは花の種類で左右されるものではない。またそれぞれの形や寸法によって変わるものでもない。あらゆる場合に共通して常にこのような空間的相互関係が成立することを示したものであって、これはより高いもの、より低いもの、その中間のものという三つの要素をとり出して、その関係について考えるという概念操作のわく組みのことであるように思われる。

なんらのつながりもない要素を、三つの要素をもったこういう概念で、空間的に体系づけようとするのが、生花の天・地・人という〈かた〉だといえるであろう、〈かた〉には一般に、このような概念操作によって効果的役割を果たすものがある。

一方定石といわれている碁や将棋の場合がある。この場合やや異なっていて、概念の操作・整理というよりは、ある特定の布石に対して、その後に起こるであろう成りゆきがそこに問題としてとらえられている。詰め将棋は、こういう一定のプロセスを示す、読みのよい例である。ここでは〈かた〉は、ある順序で決まった過程をたどり、常にその結果は同じとなることを示す。

柔・剣道や相撲にも投げとか受けとかの〈かた〉がある。これはある運動における力の相互関係間の法則性をとらえたものであり、確率的に一定の条件下でもっともよく成立する普遍的、必然的関係をそこに経験的に示している。

これらの例から、〈かた〉は、いくつかの要素間に、ある条件のもとでは、必ず成立する法則性をもった関係をさすというように言える。また、いくつかの要素間に切りはなし難い結びつきをもつ関係を見いだすところの、すなわち体系（system）であると言うことができる。

天・地・人という概念操作も、広い意味では体系に含まれるから、〈かた〉は体系だといってもいいように思う。

建築では、これまで〈かた〉という概念を使ってきてはいない。わが国でも〈かた〉とは建築では言われなかった。ただ∧かた∨として考えられるものは多い。たとえば出雲大社本殿の平面に見られる中心柱と外周八本で構成された正方形の空間は、田の字型平面でよく知られている大黒柱をもった民家の平面の典型と言うことができる。これはパターンとしての平面というより、正方形の空間を分割して、四つの空間をつくりだす、あるいは四つの小空間のある構成によって、全体の秩序をそこにつくり出そうとする一つの空間の体系といってよいものであろう。

出雲大社本殿を、わが国最初の空間の∧かた∨としたいのは、こうした理由からである。そして∧かた∨を表明した建築として、私は出雲を高く評価したいのである。これは構造的であると同時に空間的であり、機能的な序列をも含んでいる。日本建築がその後に発展させた建築に対するあらゆる基本的概念をすべてここにもっていると言える。もっともすぐれた出発を示す∧かた∨であると言える。日本建築の典型として、伊勢や桂をあげる人も多い。しかしもし典型としてあげねばならないなら、私は出雲をおいてないのではないかと考えるのである。なお、中国の住居の例と比較して考えてみると、このことが日本建築の∧かた∨としてどれほど特徴的なものであるかを知ることができよう。

住居としての中国の建築は、三間房《サンチエンファン》が原則となっている。中央を出入口食堂とし、左右を寝室または個室として用いる、つまり長方形平面の三分割が∧かた∨となっているのである。三間房では、三つの空間から成りたっていることと中央室に左右室が結びついているのに対し、出雲は四つの空間から成りたち、しかも四つの空間にはひとつづきの序列づけがされているのである。いきな

民家の田の字型平面（奈良，白毫寺の集落：国際建築 '67. 3)

り出雲と三間房を比較することが適切かどうか問題のあるところであるが、建築空間を構成する体系という点で考える場合、建築種別の相違は必ずしも障害とはならないと言えよう。

さらに興味ある事実は、三間房と田の字型という建築空間の〈かた〉が、どういう形に展開されてきたかについてである。三間房では、三間房単位を敷地内に配置し、また左右にさらに小室をつけ加えて五間房とすることで、現実の機能にうまく適応させようと図っていることがわかる。

一方田の字型では、座敷とにわから母屋とひさしの構成に移っていくことで、実に多様な展開をとげることが可能になったと考えられるが、このような形への展開に〈かた〉というものの考えかたがよく表われている。歴史的にしだいに進展してきている〈かた〉をみると、空間の体系が素材の体系から構造技術の体系により強い関係をもつ時代、そして自然環境の体系から離陸し、人工環境の体系へと設備技術の体系との関係を深めていく時代、また空間の〈かた〉は、しだいにより広範な異なった体系との関係を問題にする必要を強めてきている時代へと移ってきているというように新たな体系を胎内化して、より高次の〈かた〉を生みだしていく進化のプロセスがそこに容易にみられるのである。

同時に、こうした体系相互の関係を問題にするなかで、より大きな体系をつくり出すための体系化の問題がそこに必要となってくる、こうして〈かた〉の段階の問題がますます注目されるようになってきたと言える。ここでいう体系的関係とは、それはそれぞれの要素または部分が、相互依存的であり、相互作用的であって、かつ全体を統一的秩序の関係におくことである。

建築空間の∧かた∨は矛盾のない、しかも各体系がばらばらでないものでなければならない。そのための各体系を体系的に高める技術と論理がそこに新たに要求されてくるわけである。たとえば建築における制御系と適応系の問題、構造系と設備系を統一する問題、あるいは素材系と空間系、さらに経済系と生産技術系等々、そこになんらかの解決が必要である。これらの問題はすべて統一的な、相互に矛盾のない論理によって本来解かれるべきものである、にもかかわらず、対症療法的に、ミクロ的に取りつくろわれていて、正しい建築の前進には結びついていないように見える。

建築をみるとき、その外観にせよ、内部にせよ、一歩ふみこんでそのかたちを理解しようとしても不可解で理解でき得ないものが少なくない。そういう場合これは、かたが獲得されていないためかたちに合理的技術の裏付けをもっていないからではないかと思われる。

日本建築の典型として、一般に伊勢神宮がとり上げられる。私は伊勢の素晴らしい感動的な美しいかたちを感覚的には否定するものではないが、しかし美しい伊勢のかたちを見て、これを理解しようとすると、いくつかの点で不可解な問題をもっていることに気付かざるを得ないのである。

われわれは、かたちを感覚する感覚に全幅の信頼をおくと同時に、この感覚が一方で全く頼りにならないものであるという矛盾をかかえていることを知っている。これは手品の例をあげるまでもなく明らかなところである。この感覚の矛盾が、かたちの変遷を成り立たせたものであると言えよう。したがって、われわれは単なるかたちの美しさに魅かれ、かたちをそのまま受け入れてしまうわけにはいかない。そこに∧かた∨の重要性がある。

伊勢のかたちに対しても、そのかたちを成り立たせているところのものである∧かた∨に触れ、これを理解しようとするのは極く自然な認識のプロセスであると言ってよいだろう。そこでまず言えることは、この木造建築が小さすぎる規模であること、である。この規模は他の同時代の建築である法隆寺や東大寺あるいは出雲などと比較した場合、とくに目につくところである。

これは使用されている部材寸法と規模との関係をみた場合にも同じことが言えそうである。つぎに柱と屋根荷重、階段と回廊等にみられるこのアンバランスな関係は、認めがたい非合理な関係を示し、理解を困難にしてしまうものである。けっしてアンバランスが∧かた∨として望ましくないとも一概に言うことはできないに違いない。しかしそうした非合理が、他の建築に見られる合理的技術の適用とどんな関連をもつのか、同時代の∧かた∨からみるといかにも伊勢が不自然に見えてくるのはやむを得ない。

伊勢は、作為的につくられた縮小建築ではないかというのは、最初に見たときから私の頭を去らない印象であったが、いまもこの印象をぬぐいさるに足る資料を発見しえないでいる。したがって日本建築の∧かた∨として伊勢をあげることを、私をして、ためらわせるのである。

では日本建築の∧かた∨として伊勢をあげないとすれば、どんな建築をあげればよいであろうか。私はこれを出雲大社とする。この理由は、後の伝統についてのなかで触れているので、ここでは、出雲の建築のかたちが、技術的によく裏付けができ、そのためおおらかさと明るさをもった納得できるかたちであることを述べるにとどめよう。

日本建築でみてきた建築の〈かた〉とは、どのようなものかは、出雲でいくらか明らかにすることができたと思う。では他の建築で〈かた〉をみいだすことができるかどうか、そしてもし、みいだすことができるとすれば、現代建築の〈かた〉はいかなるものであろうか、といったことをつぎに考えてみる必要があろう。

私は、ミース・ファン・デル・ローエの設計したファンス・ワース邸が、一つの〈かた〉を示しているという理由で、高い評価をこれに与えたい。ミース自身の設計したレイクショア・ドライヴ・アパートや、シーグラム・ビル、あるいはMITの教室等は、すべてこの〈かた〉の展開であるといえるからであり、世界の建築にこの〈かた〉は深い影響を与え、一見してその〈かた〉がミースのものであることを知らしめる数多くの建築がつくり出されているからである。わが国には、ごのみ、流という概念がある。誰々ごのみとか誰々流というのは、〈かた〉の存在を前提として、そのかたちの展開における〈かた〉の選択を言ったものである。したがって、そうした建築は、ミースごのみであり、ミース流であるということになろう。

同じような理由でル・コルビュジエではマルセイユ、ベルリン、ナントのユニテより、スイス館を〈かた〉として取りあげたいのである。しかしコルビュジエは、スイス館のもとになったかたをドミノ方式（一九一四年）ですでに示しており、あとで近代建築の五原則として明らかにしてくれた。それは⑴ピロティ⑵独立骨組とカーテン・ウォール⑶自由な平面⑷自由な立面⑸屋上庭園である。

また丹下健三は東京都庁舎で、その空間構成（コア・システム）に一つの〈かた〉を示し、これが単に各地の庁舎建築を変革しただけではなく同時に各種のオフィスビルに多大の影響を与えずにはおかなかった。

∧かた∨とはどういうものであるか、こうしたことからふり返って逆に考えてみると、まずそれは(1)体系的存在であるということが言える。統一的な秩序があらゆる要素間、時間系・空間系・機能系・設備系・素材系等々のなかにあり、さらにそれらの系相互の間にも成立しているということが、まず∧かた∨の条件であろう。

(2)つぎに正しい技術的所産であることである。誤った技術がそこに使われていれば、それは∧かた∨に結びつかない。技術が正しく合理的に、しかも極限にまで生かされていることで、はじめて普遍性を獲得することができ、より広く社会的な∧かた∨ということのできる条件を、もつことができるといえる。そして建築における∧かた∨は、人間的という言葉で表現されるような(3)生活あるいは生活様式と深く関連し密接な対応をもっていることである。

特定の時代・社会の生活にたいしてつくりだされるものであるから、∧かた∨は歴史とともに変化してきているといえる。しかしその変化の仕方は代謝的でも、進化的でもない。それは蓄積的な文化と、更新的な文明をつなぐ媒介としてのシンボルが∧かた∨ではないかと思われる。

つぎにこのような∧かた∨は、どのようにしてつくりだされたか、をみていくと、本質的にそれがアノニマス（無名性）なものであることが分る。特定の条件から出発し、これに普遍性を与え広く一般解にまで到達させるとき、そこに∧かた∨が生まれるわけである。そこでは明らかに非個性的なものに変容し、不特定のものに変身する。民家の〈かた〉は、よくこのことを証明する。一戸一戸の家は、その家族の生活にふさわしく考えられたにかかわらず、使用材料、仕上、寸法、配置等の問題が自然にその地方の風土に一致した方向をたどりついには〈かた〉を生むに至る。それは誰の考えというよりは、それぞれがみんなで考えた結果であり、結果の検証の末にでてきたものであるということができる。一方〈かた〉は有名性を同時に内在させている。さきに述べた、ミースや、コルビュジエや丹下の場合がそうである。

たとえば〈かた〉に関する限り、ミースのファンス・ワース邸は、アメリカではじめて実を結んだものである。

このことは〈かた〉を発見するその土壌が強くそこにあったということを意味し、このことに注意しなければならないことを示してくれる。こういう言い方をすれば、どんなこともすべてその環境のせいになってしまうであろう。しかし意識下の存在を意識上の存在におきかえるきっかけをつくったことではミースやコルビュジエの役割を認めなければならない。〈かた〉には、このような有名性が存在する。

それは誰かのブレーンによって考えられ、誰かの手によって、つくりだされなければならないものだからであるということができる。

Ⅱ 伝統について

技術の出雲

出雲の神殿

出雲は、わが国の木造建築において最大の規模を誇っていた。かつては、想像を絶する巨大、豪壮な建築であったことが、今日の、史家の定説となっているようである。

古事記および、日本書紀に出てくる出雲によれば、ただ規模の雄大さを誇るばかりでなく、わが国で最も古い建築の一つであったことが知られる。そこでは出雲は、国譲りの条件として、大国主神のために、高皇産霊神の神勅でつくられたとされている。

このことから推理が許されるなら、そういう条件を出さざるをえなかった天孫族と出雲族との関係において、ある意味でそこに勢力均衡を思わせるなんらかの状態があったのではないかということを想像させる。

しかもこの事情は、垂仁天皇のとき、「天皇の御舎と同一の規模、形式に」出雲を修理した、と述べている事実からみて、この関係はかなり長い間つづき、少なくともめだった不均衡はおこらなかったのではないかと推測できそうである。

つまり歴史は、かく大規模、壮厳な建築をつくったのが出雲族ではなくて、天孫族であったと言いたいもののようである。しかも日本書紀のなかで斉明天皇のおりに、同じような修造のことがでており、平安朝初期には、大和朝廷から「造出雲社使」が派遣されて本格的造営が行なわれたと推定されているので、こうなると明らかに天孫族が出雲の造営をになっていたことが、確実のようである。それが経済的労働力的側面であったか、それとも、技術的側面であったかは明らかではないが、少なくともこうしたことはきわめて不自然に見える。天孫族がなぜ出雲にこれほどの造営物をつくらねばならなかったかが不明になってしまう。これを逆に、出雲の造営技術を大和に生かすと同時に出雲にも許可せざるをえなかったと考えてみると、この不自然さは一応解消されるように思われる。約千年前にしるされた源為憲の「口遊」のなかに「雲太、和二、京三」という一節がある。これは「大屋の誦」といわれているもので、わが国のもっとも大きな建物を三つ上げ、出雲の杵築大社の神殿、東大寺の大仏殿、宮殿である大極殿という順序をつけて述べているものである。

山本信哉博士は、このことについて、出雲の平面は、大仏殿の平面より大きかったとは、到底考えられない。したがって、この順序はその「高さ」にあったのではないかとされている。

東大寺大仏殿の古い記録によれば、棟高は一五丈であったことがわかっているので、ここから出

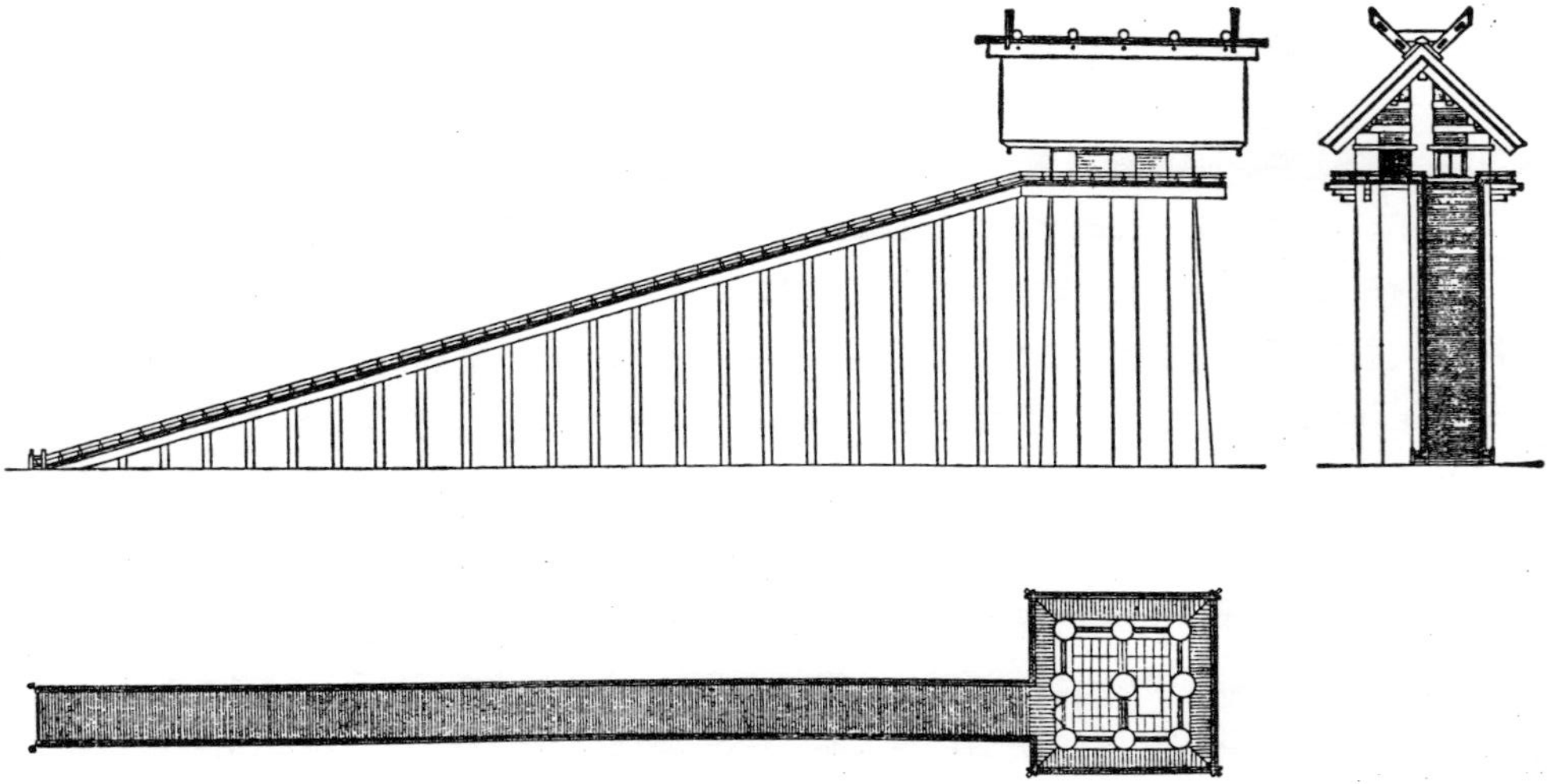

出雲大社復原図（福山敏男）

雲大社の棟高は少なくとも「雲太、和二、京三」といわれていたころには一五丈をこえるものであったのではないかという推測がなされた。

出雲大社の社伝のなかに、神殿の高さを「上古三二丈、中古一六丈、その後は八丈」とあることについて、伊東忠太、山本信哉の両博士はともに、出雲大社の高さについて論争した中で、上古三二丈説には疑問がもたれるが、中古一六丈説は大仏殿の記録からみて、真実性をもつのではないかと、かなりの興味をしめしている。現在のような規模に本殿がなったのは、寛文の造営のときからであって、この高さ八丈の社殿でさえ雄大で、見るものの目をうばい、すさまじい迫力に満ちているから、もしこの倍の高さ一六丈であったころの神殿を想像すると、だれしも目のくらむような思いにかられたことだろう。

かくも巨大な神殿が、大和朝廷によって、しかもわざわざ天皇の御舎と同一の規模・形式で、何で建てられねばならなかったか、もしこのことが事実とすれば、もっとも巨大なこの建築によって大和と出雲の国譲りは、他の豪族たちとは全く違った、非常に大きな特殊性をもっていたと想像されてくるのである。それをわたくしは「出雲の技術」ではなかったかと考えたい。しかし原始社会における技術の意味は、多少今日と違い、あらゆる部門万般にわたる総合性をもち、神秘力をもったものであったであろう。

それは単に建築技術のみでなく、農耕・水利・天体・社会におよびその時代思想と、それを実践するという現実を切りひらき、その時代と社会を讃える「技術」であったに違いない。もし勢力が人口に比例するものなら、天孫族は、出雲族をはるかに凌駕していたから、何も神殿をつくったりして、遠慮することはなかったろうが、偉大な技術に圧倒されたのではなかろうか。わたくしはここに「天孫族の政治力」と「出雲族の技術力」を対立させて考えたくなるのである。出雲神話に出てくる、農耕、治水、国びきなどから、農耕神としての大国主神であると同時に、大国主神を原始時代における最高の技術者だったのではないかと考えたい。

偉大な技術者としての大国主神が、天孫族の政治力のまえに、国譲りをし、出雲族の技術力が、そのゆえにより強く結集され、発揮されていったと考えれば、古い記録の疑問がとけてくるような思いがするし、そう考えることによって、出雲の神殿が、かくも天高く聳《そび》え、巨大なものとして、わが国最大の木造建築として、出現することのできた理由なのではなかろうかと。

ただそう単純に考えることは、おそらく危険であろう。なぜなら古代社会における諸現象は複雑であるからである。しかしその複雑さと、技術の単純さ、素直さを大和と出雲族の間に、もう一度思いおこしておきたいのである。

「古事記、日本書紀の神話や古伝承は、それによって多くが記述されている風土記とともに、基本的には、七、八世紀奈良時代の貴族に伝えられた祖先たちの勝利の記録であった。だからこそ日本の神話は『天つ神』や皇祖たちの、四方の国々の『国つ神』たちに対する征服、懐柔、統合の話が基調になっているのである」（筑紫の神話 三九頁 門脇禎二）。しかし他の地域の神話と比較するとそれらのなかで、出雲神話には独特の背景があり、地域との生々としたロマンが秘められていて美しい。

そこには単なる征服とか屈伏とは趣の違った、尊敬ともうけとれる出雲の何かに打たれ、これを認めようとしたものが明らかに認められる。それは何であったであろうか。あるいはその一つに、技術（とくに土木、建築技術）が含まれていたのではないかと想像させる。

巨大化への道

では、かくも偉大な、そして天孫族に尊敬と脅威をあたえたと思われる技術は、いかにして、どのように培《つちか》われたのであろうか。その一つを、出雲地方の苛酷な自然条件におきたい。古代における自然への恐怖は、われわれの想像をこえるものがあったであろう。自然は人間にのしかかり、人間は自然のなすままに恐れ、ちぢこまっていたであろう。大雨・洪水・旱天・津波・地震・落雷・降雪などの自然条件は、自然の摂理にさからうものを容赦なく打ち砕いたであろう。表日本に比較すれば、裏日本の風土は実にきびしかった。

この苛酷な自然に、最初はいかに適応していくか、そしてしだいに自然を利用しようと考えていったであろう。技術の進展をうながした第一の基盤は、このきびしい自然にあったと考えたい。

気候の温和な地域での文明の進歩は、苛酷な地域よりけっして早くないことは、今日においても同様である。第二に狩猟期から農耕期への移行時に、この技術は強く認識され、発展させられたと考えたいのである。

おそらく狩猟期における種族の移動は、初期には任意の軌跡であったと考えられるが、しだいにけものの道を追うような収斂《れん》していく軌跡となり、野宿のための設営も、その位置、飲料水との関係、風雨に対する細かい注意が経験をとおして、形づくられていったに違いない。わたくしはここで、とくに狩猟における「移動性をもった設営」に注意すべきことを指摘しておきたいのである。

それは移動がなんらかの周期性をもちはじめるころから、食料に供せられる植物貝類の分布についての配慮と同時に、雨露をしのぐ設営の素材と、素材構成の合理性および単純化が、体得されていったのではないかと考えるからである。

不合理な架構は壊れやすく、運搬に重く、設営解体によけいな時間がかかるものである、設営技術は、この移動によって急速な発展をとげたであろう。なぜなら、移動によって集団は同時作業をするからであり、それは何度も繰り返す作業であったと考えられるからである。

そこではすぐれたアイディアは直ちに伝播する。技術水準はこうして、容易に多くの人びとの努力によって普遍的に向上しえたし、向上しうるような平均した技術水準が蓄積されていたはずである。しかし、技術発展の糸口となった移動性は、その移動性のゆえに、規模の制約をうけざるを得なかったのである。

これは、原始的技術の世界においては、規模は、いっそう強く重さと強さのうえに制限されたであろうから、設営される建物の規模は共通に一定以上越えることはなかったとみられる。これは空間的にいえば、規模の制約による「単位空間」という概念が自然に成立していく基盤をなしたと思われるから、設営集団の大きさは規模ではなく、単位空間の個数であらわされたであろう。

ここでは巨大な規模はでてこない。必要であればそれだけ数多くつくられたにすぎないからである。それはまた群集団社会にふさわしい群の空間を形づくったと考えられる。このような単位空間の設営方法は、新しい革命ともいうべき農耕生産の開始と、その発展によって、山野を追っていたこれまでの移動をやめ、一定地点に定着するようになっていった。しかし、なお農耕期にはいっても、しばらくは採集作業的移動がつづいたことは容易に想像される。

やがて一年の周期をもった農産物のための「庫」は、新しい空間として、単位空間のほかにあらわれてきたことだろう。一年の食料の貯蔵量からみて、庫はおそらく当時の住宅とほぼ同じくらいの規模を必要としたであろうから、ここにわたくしは住宅と庫との類似的、かつ近似的規模の関係を指摘することができるように思う。当初は技術的に両者はかなり同一の性格をもった空間であったに違いない。

その場合もし多くを収穫した年には、家族がふえる場合と同じように、もう一戸の単位空間を増したに相違ない。しかし、農耕生産をとおして機能分化がはじまる新しい社会体制がすすむと、一年間の食料を入れておく庫の価値は、しだいにその重要性を増し、新しい機能をもってあらわれてくることになったであろう。また保存に対して、高床と、その荷重に対する対策が架構技術の発達を刺激していったであろうことは十分考えられてよい。

狩猟期における架構の単純化と、骨組の洗練は、つぎの農耕期において全く新しい発展に、結びついていった。狩猟期における技術が、「架構のシステム」であったとすれば、農耕期におけるそれは、「規模の追求」だったということができる。もはや規模の制約は、定着によって解消した。ここでは空間への要求は、むしろ丈夫さ、耐久力のほうにより大きなウエイトがかけられたと見るべきである。

規模は、収容力と耐久力の表象となり、「荷重」と「くされ」への対決となった。だから「巨大化」へ拍車がかかり、創造的技術は、巨大化を追求したのであろう。これまでの技術の制約であった適正規模の枠がはずされると、大家族制度による住居の巨大化と、それに比例した庫の巨大化が同時に進行していったと考えられる。また社会体制上からも分業がすすみ新しく庫をまもる神職が生まれてくることになる。ところではたして、木造のぎりぎりの可能性を追求するように見えるこの巨大な架構はいかなる技術に基礎づけられたであろうか。わたくしは、それを「神樹」ではなかったかと考えたい。

古代社会において農耕適地を見つけた場合、必ずその付近に住居に適した土地を捜し出さねばならなかったであろう。そのときの一つの手掛りは、大木の茂る地点、大樹をはぐくむことのできた自然環境にあったのではなかろうか。すくすくと豊かに育っている大樹のもとでは、人間もまた同じように平和に住むことができると考えられるからである。

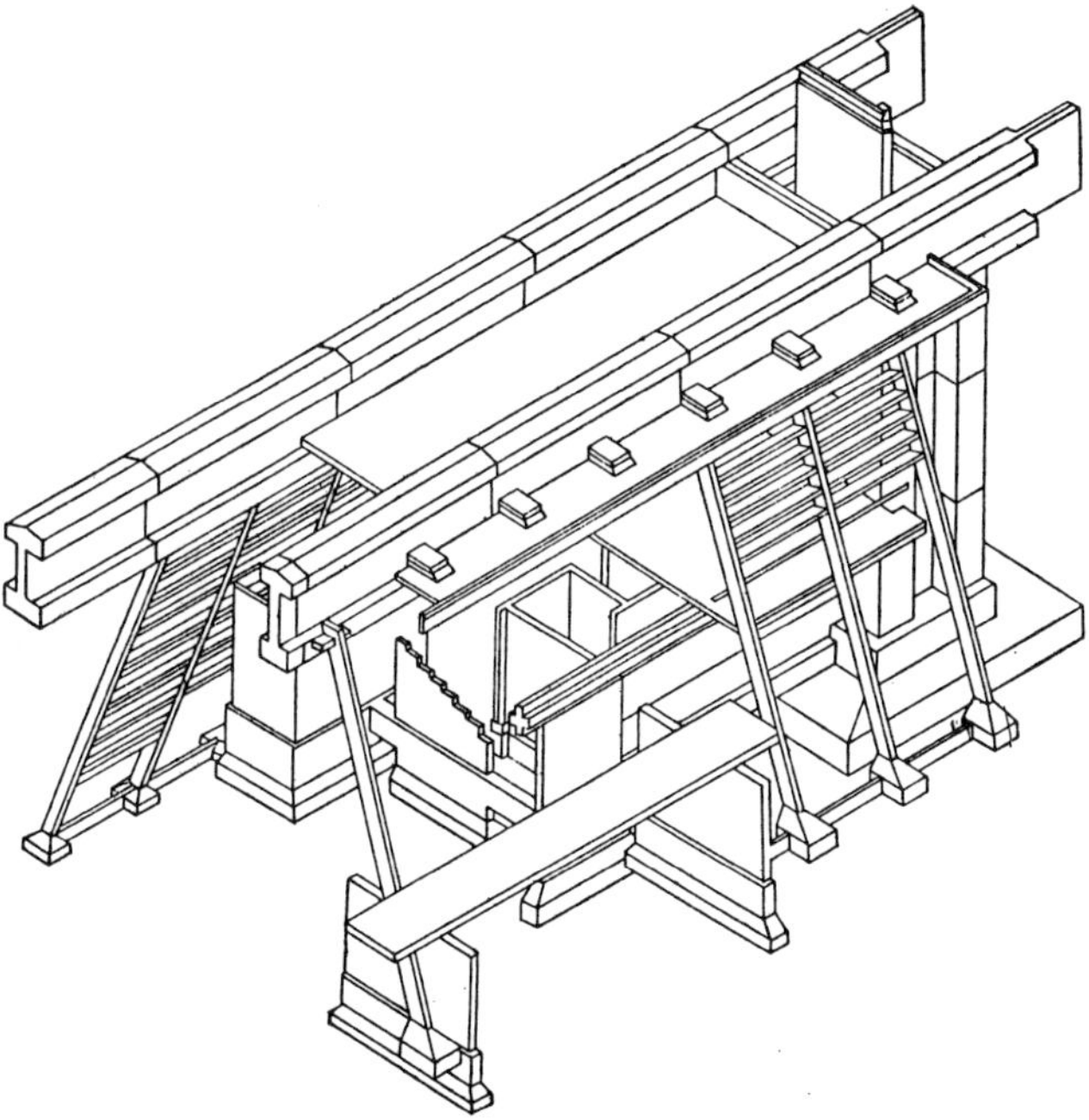

出雲大社庁の舎架構

だからわたくしは大樹を目標にして定住地をえらび、その大樹の枝をはらい、樹皮をはがして、これを建物の中柱とし、そのままこれを利用し、この大樹を架構の中心として建築していったのではないかという推測を成り立たせる。根をつけた大樹は、当初は建造中の心柱として、架構建設を容易にし安定させ、建物が完成した暁には、もっとも重要な構造的中心の柱としてこの柱がのこったのではないかと考える。掘立柱の原型である。やがて枝葉のないこの心柱の根は、次第に腐り、われわれが掘立式とよんでいる柱のような形になったのではないか。

心の御柱の特別な意味が、こうしたところからでたのではないかと、推理したくなる誘惑をおさえきれない。しかし、大樹を中心とする架構設営について、もう少し時間的にこれを眺めてみよう。

建築はやがて腐食し、倒壊していったであろう。同じ地点に定着しようとする農耕期の条件のなかでは、つぎの建築、つまり「建替え」のことが考えられなければならない。わたくしはここで、建築がつくられるとき、同時にその近くに建替用の一本の樹を選定し(その他の用材数十本をあわせて)、将来、それが心の御柱となるような巨木になる祈りをこめて、植えられたのではないかと考える。そうすれば、伝えられている六〇年の建替周期は、この「神樹」の成長と建築の腐食のきわめて巧みな調和ある周期に合致し、よく計算されたリズムをそこに実現したと思われてくるのである。

こう考えてくると、三二丈説、一六丈説などの建造物の高さの問題も、自然に一つの結論に導かれるように思われる。つまり六〇年間にどれだけ用材が成長するかということは、きわめて簡単な植物学的成育の実証によってである。檜《ひのき》は、一〇〇年間でほぼ四〇メートルの高さに伸びる成長率をもっているから六〇年間成長として一六丈はもちろん三二丈といえども、そう矛盾したものとはなってこない。

特に出雲の神殿の場合、よりすぐった「神樹」が選ばれたであろうから、三二丈説も、一六丈以上につくり上げられたということも、こうしたことから推定して、そう不自然なものではなかったといえる。この巨大な規模を誇った出雲は、しかしまた、数多い倒壊記録の保持者でもあったらしい。福山敏男博士は「長元以前に少なくとも一度、長元四年には風もないのに倒れ、康平四年、さらに永治元年にも顚倒した」と述べ、「これから平安時代の神殿の柱は、非常に高いものであったと結論せざるを得なくなる」とされている。

出雲の神殿は技術的出雲族の表象として、いやが上にも高大なものをつくり上げた形跡があり、皮肉にもその倒壊記録によって、いまその高さが実証されようとしているのである。ただ、これらの倒壊は、地震や風によっておこったものではないことは、記録に明らかなところである。つまり架構技術に欠陥があったからではなく、構造材の腐食による転倒と考えられる節がある。

したがってここからその構成材の寸法は、ただ構造的断面として以上に、腐食に耐えるほどの太さが必要であったと同時に、雨仕舞、乾燥に対して、技術的解決がさらに必要となってこなければならない。しかし、生活から離れたシンボルとしての神殿の技術的進歩は案外におそく、それらに対する解決は、ついにあらわれてこないまま、ついにトライをやめ、小規模の神殿に縮小されていったように思われる。すなわち、出雲はシンボルとして、巨大化しえたと同時に、神の建築となることで、技術的進歩は止まってしまったということができる。

技術の可能性と限界

福山敏男博士の復原図をみると、その巨大さ、雄大さについて改めて再認識させられるが、この復原図はどちらかといえば、出雲を住居型とするところから発想しているように思われる。そのために、上部の空間は、住居のような性格がもたせられ、高いだけ脚部がのびた、超高床式の建築として描かれている。

こうすれば、一段と迫力があって興味をひくものの、住居までの登りおりは大変なことになってしまう。この復原図では、長いスロープが前につけられているが、これはいかにも不自然にみえる。かりに、これほどの大規模なスロープがあったと仮定すれば、なんらかの記録がこのスロープに関しても残って不思議はないだろう。なぜならこのスロープはその勾配として、かなり危険であり、一直線のスロープの勾配とこの長さは、やはり別の迫力をもっただろうからである。また小部材によるこのスロープの構成では、腐食は主体構造よりはるかに早く、一五年ないし二〇年ごとに修理しなければならなかったであろう。そのたびにばく大な用材を充当しなければならなかったはずである。ただ建設する際の巨大な丸太の組立、建おこし用としての足場、あるいは約二〇年ごとの屋根の葺かえ工事のための登り橋としては、こういうものが作られたかもしれないと想像される。

わたくしは、こういう理由から出雲を住居としてより、庫として考えたいように思う。出雲の平面における渦巻型の構成は、住居の特性として取り上げられているようであるが、庫として考える方がより自然に思われる。

今日でも米倉のシステムは、倉庫をいくつかに区切り、奥の方から米を入れ、仕切り板をつけながら、前方の方に逃げてくるような方法をとっている例が多く、こうすることによって、庫の空間は、無駄なく、より機能的に多量を収容することができるからである。「渦巻型プラン」は庫としての機能を素朴にしめしたものとして考えたいと思う。出入口の位置のアンバランスも、この渦巻型プランによって、むしろ必然的に結果された非対称形にすぎない。

では一体、出雲の復原はどうなるであろうか。わたくしは、回廊は下部にとりついて、主として根元の腐食を防ぎながら、出雲は非常に胴長の「サイロ」のような印象を与えるものではなかったかと想像したいのである。

こういう想像で、現存する出雲を見てみよう。一六丈が八丈になったとき、一体、どこでそのプロポーションをアジャストしたであろうか。まさしく出雲は、いかにも胴長のプロポーションをもっていることに、だれしも気付かれるであろう。住居としては天井高が誇張されすぎているし、この胴長のために、全体のスケールを著しく小さく感じさせてしまっている。こうしたことから八丈という高さは胴の部分で、主として加減されたのではないかと考えられる。

もしそうでなかったとしたら、少なくとも現在の出雲のプロポーションは、全体のバランスがもっとよく、さらに上部につまって、脚部の豪壮さをより強く表現するものであってよかったはずである。胴長はそれだけ容量大で、巨大であればあるだけ、生命をつなぎとめる食料をより多く満たすことができたであろうから、その迫力も非常に大きかったと想像される。しかし、もし仮りに、この米倉に米を入れたとしたら、きっと底が抜けてしまったろう。

今日、出雲で年に七二回の祭がある。われわれは米という字が八八回の手入れによって、食料になるという意味をもったものであることを知っており、おそらく米にちなんだ田植え、草取り、刈入れなどの祭りがその回数からみて儀式化されたということは容易に想像されるところである。

巨大な米倉のまえで、こうした儀式がくりひろげられたというのは、同時に農耕生産における近代技術を讃える祭りでもあったとみることができるかもしれない。われわれは出雲の巨大さについてみてきた。いまそれがどのように伝承されてきたかに触れておこう。

狩猟期からの目のさめるような革命が、農耕生産によっておこり、生活のシステムをすっかり変え、近代技術が豊かな平和ある安定した毎日を与え、飢えから開放した興奮は、やがてさめてくると技術がめざした発展も、いつまでも巨大化をつづけることが困難になったばかりか、巨大化の意味を失い、巨大化した神殿を維持することさえ、むずかしくなっていったであろう。

農耕生産によって安定したかに見えた食料資源も、人口の増大のまえに、ますます耕地を拡大していかねばならない宿命にあった。農耕生産の高効率を維持するには、耕地の拡張、国引きしか残されていなかったのである。そして一年周期の社会は、繰返しによって停滞がはじまり、農耕生産機構が変化しないかぎり、発展はみられなくなっていくのである。

こうしたとき高度の新しい仏教文明が、総合的技術とともに伝来してきたのである。この外来文化に対する適応は、やはり伊勢と出雲では、全く異なった反応をみせたように思われる。一方では、これを制度上の、政治的文化としてうけとり、他方、出雲では伝統的技術の上に、高度の技術文明として、反映したと思われるからである。

伊勢が、形式化した反復性のもとに形式的様式、保存的な性格をつよめていくとき、出雲は積極的に新しい技術を摂取し、生まれ代わろうとする現代性を逆に獲得していったかにみえる。出雲が、古典的形式美を備えていないことこそ、常に現代的であろうとする、現代に生きる技術の国、出雲の証拠である。

しかし、文化の摂取は、しばしば皮相的形式的に行なわれ、懸魚や、仕上げや屋根のカーブ、別棟の門などに表われて、本質的な栄養にまでなるには、かなりの時間を費やさねばならないものである。出雲の場合も、はたして技術的な意味での新しい展開が、仏教によっておこされたかといえば、それは、そうはいえないようである。いたずらに装飾的な末節的技巧におわってしまい、かつての巨大さは、仏教技術によっては獲得されえなかったのではないか。

技術がトライしなくなったとき、出雲の神殿もまた倒壊しなくなっているのである。倒壊した記録がみられなくなったのは、それだけ架構技術の発展があるからかといえば、それはただ小規模に

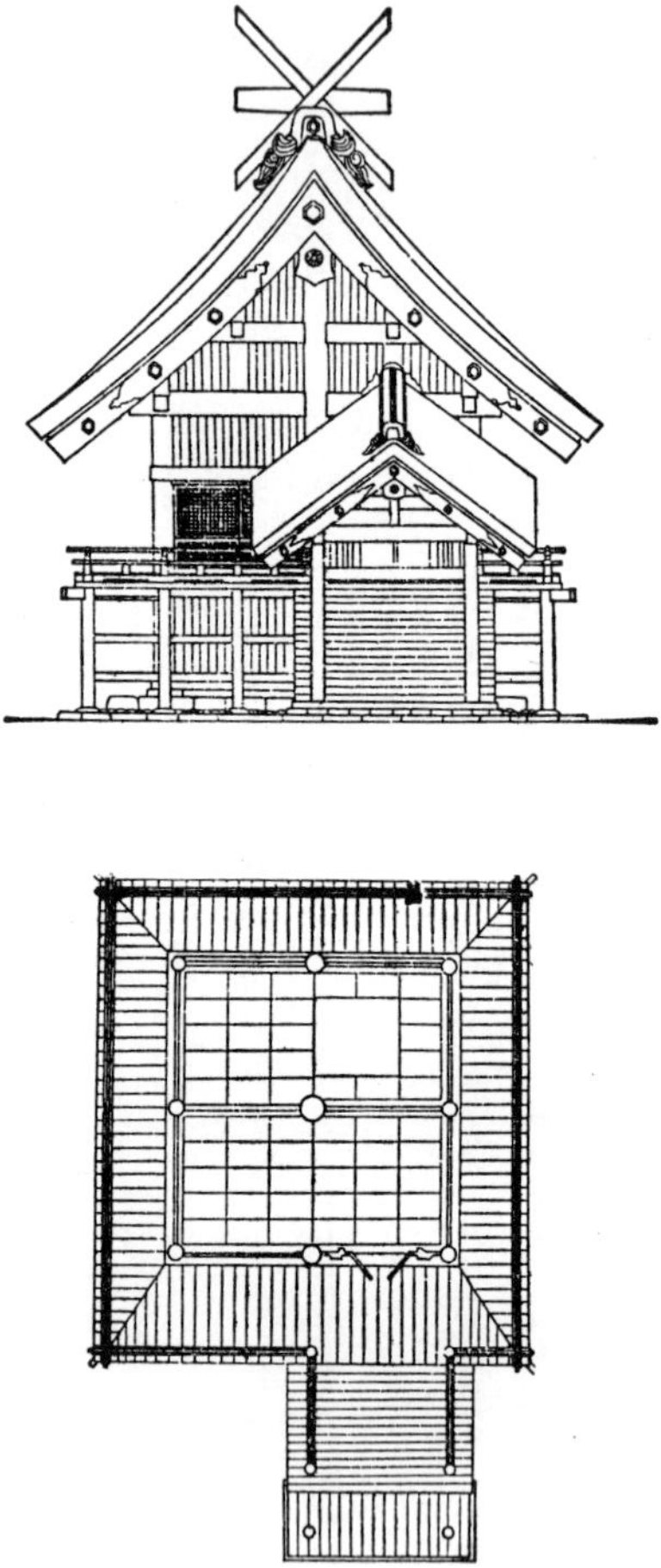

出雲大社　1744

つくられた結果にすぎず、倒れるほど大きくは、つくられなかったからであった。

仏教による高層建築は、五重塔にむしろ結実されていくのであるが、このとき、わたくしは、出雲の高層架構技術が、外来文化を吸収する基礎をなしていたと考えたい。五重塔における心柱が、どのような効用をもっていたかは、出雲を知るものにとっては、おのずと明らかなところである。五重塔の高さもまた、出雲にならって、一本の丸太が、そして丸太の全長によって、その高さが決められたのではなかろうか。

五重の塔で果たされたものは、屋根をたくさんつけて、出雲のような腐れによる倒壊を防ぐことでしかなかった。腐れに対しては、太材と風通しのよさだけにたよっていた出雲に対して、重層する屋根をつけることで、比較的小部材の組合せによって、同じように高い建物をつくり出すことができたのであった。わが国の高層建築の源流としての出雲は、したがって五重塔にうけつがれていったと、わたくしはみるのである。

五重塔へのはっきりした影響については、別の機会にゆずることにして、少なくも、建築技術のうえに打ち立てた出雲のもつ、わが国最高の巨大さ、現代的な文明に対する貪欲な吸収と、六〇年の合理的新陳代謝のシステムをもつ建築などを非常に身近に出雲から感じとることができるとするのは、わたくし一人であろうか。

技術は、つねに時間と空間を拡張してきた。技術の国出雲は、出雲の神殿において、木造建築による史上最大の空間拡張を行なった。しかし、ただ単に空間のみにとどまってはいない。朝鮮、支那という高度の文化圏をひかえていたということから、技術の国出雲の意欲的な文明展開のエネルギーは、鉄にしても、ガラスにしても、わが国において最初にこれにとりくんでいる事実が、それを立証している。近代建築材料といわれるこうした素材を、いちはやく、産出生産せしめているのは、これこそ技術の国出雲の伝統のしからしめるものであり、むしろ当然のことにすぎないといえよう。

出雲が、現代に生々と生きており、神域に足をふみ入れたものが、期せずしてそのおおらかさと明るさに驚いてしまうのは、それは神として尊厳であろうとするまえに、いかにも人間的な親愛感を投げかけてくるからではないか。それこそ真の意味で人間的であるということなのであろう。

技術というものが、いかに人間をささえ、技術によって人間がいかにまもられてきたかを、われわれはこの暖かさのなかに考え込むのである。現代において、技術はもはや、かつての原始的技術ではない。生活のための手段として、人間的欲求のための手段としてだけではなくなってきた。したがって、その意味で「出雲は素朴な技術時代の表象」だと改めて認識しておいてよいだろう。

現代の技術は、高木純一博士が〈現代技術は何を示唆するか〉のなかで指摘されているとおり「膨大な財産を貯《たくわ》え、強大な力をもち、意欲達成の自由度を著しく増している」第七の技術時代に突入しつつある。

かつての巨木が、その大きさに比例して耐久力をもち、それだけ高く聳え、より多くをささえることのできた、きわめて素朴な建設的、創造的シンボルであったのに対して、近代技術は時間の節約、空間的拡張、エネルギー源の開発に向かっており、その結果、大量生産・自動制御・情報通信網等が、その特殊性として上げられている。こうした渦の中におかれて、雄大な出雲のまえに、「科学のあるところ常に技術が存在し、技術的な方法を通すことによってのみ、科学が成長する」という事実を思いかえしたいのである。そして高度の技術を獲得し、達成した出雲がその社会をなぜもっと強力に支持しなかったのであろうか。技術の進歩と高度化がもつ、人間社会に対する意味と限界を改めて出雲は考えさせてくれるように思われる。

新しい形態と伝統

〈AIA 一九六四年年次大会招待記念講演〉

形態と〈かた〉

新しい形態がつくり出されるのは、つねに伝統の上にであり、伝統の否定においてである。そしてそれが、新しい伝統創造の条件である。伝統は、長いほど形態を制約するものでもなく、短いからといって、自由を与えるものでもない。

なぜなら、伝統的形態が、新しい形態を生みだすのではなく、伝統的精神が、新しい形態をささえるものだと思うからである。思想は時代とともに変わり、形態は歴史とともに多様化した。しかし思想と形態を結ぶ精神は、過去からしだいに高められ、凝縮し、伝統として、現在に作用し、未来を方向づけている。したがって、古い伝統の中に、いかなる精神を発見していくかは、そこで重要な歴史に対する課題となるだろう。

そしてこれは、創造の問題につながり、また人間社会で、いかに検証されるかという問題にもなるであろう。

ここでわたくしは、〈新しい形態〉、〈技術のモーメント〉、〈秩序の展開〉という三つの基本的観点で、現代建築をとらえ考えてみたい。まず、現代建築においての新しい形態は、何を基盤としてつくり出されるかといえば、わたくしはその基盤を二つの機能の調和に求めたい。二つの機能とは、〈空間〉と〈生活装置〉にたいしてのことである。建築において、機能を問題にするとき、この二つに明確に分けて考えることが必要であると考える。

そうすることによって、様式主義的アプローチや、タイポロジカルなアプローチの行きづまりを打開しうる第三のアプローチを発見しうるものと確信する。

第三のアプローチのテーマは、機能の体系化を媒体とする空間の結合組織におく。そこに新しい秩序が追求され、秩序が新しい形態の基盤となると考えたいのである。

第二に、現代建築は、技術的条件と地縁的条件の相剋の中から、新しい方向をつかみとることが要請されていると考える。技術の進歩は多くの人びとに普遍的価値の向上をもたらした文明の水準を高めたのである。しかし、建築は、なお地域社会の環境をつくるものであり、地縁的拘束をうけている。そのため、いまだこれらの問題を包括する新しい方法論はみつかっていないので真に自由な個性の開花はないといえると思う。

普遍的条件と、地縁的条件の間に介在する矛盾のなかから、現代建築はつくり出されるものである。われわれは正しく技術をモーメントにして、現代建築をより豊かに、より個性的に、より人間的にそしてよりよい地域社会の構造として築き上げねばならない。

第三に〈秩序の展開〉では、建築と自然、建築と人間との関係の中から、新しい秩序をつくりだすことが、必要だということである。建築の本質は秩序だからである。

古い伝統は古い秩序であって、秩序を歴史の中に学び、現代のそして未来の秩序をつくり出していかねばならない。東京のメタボリズム・グループは、そういう新しい人間のための秩序を追求しようとしている。人間に環境を適応せしめる秩序である。

この秩序をささえるものこそ、人間性にほかならない。人間性こそつねに新しい形態の母胎である、と考える。わたくしのこの考えを、具体的作品としての出雲大社庁の舎で明らかにしたい。

出雲大社庁の舎について

出会い

わたくしが出雲大社庁の舎を設計することになったのは、一九五八年、はじめて神殿をみて、感動したことにはじまる。このとき、わたくしを案内してくださったのは、田部《たなべ》長右衛門で、後の島根県知事であり、奉賛会会長であった。

このとき以来、わたくしと出雲の関係がはじまるのであるがこれを日本では〈出会い〉といっている。早すぎても、遅すぎても、出会いとはならない。出会いは偶然におこるが、しかし決定的である。わたくしと出雲は出会ったのではないかと思う。

方法論の探究

わたくしは出雲の神殿に驚嘆した。古式のすべてを正しく伝承しているとは思えない、この神殿のどこに魅せられたのか。

この点について近代建築一九六一年一月号の〈技術の出雲〉で述べているが、多分にわたくしの想像によって復原された四世紀当時の大神殿に私は感動したもののようである。しかし単なる想像のみではない。

当時の日本の出雲地方では、すでに農耕生産制が完成しており、そのための灌漑の大土木事業、河川堤防、橋梁事業など、各種の技術的素地が背景としてあったことが明らかだからである。また同じ時代に、ピラミッドより大規模な仁徳陵が建設されているなどこの時代は農業革命をなしとげた輝やかしい偉大な技術時代であった。

毎日の不安な食糧採集から開放された当時の人々は、おそらく非常に大きな希望を将来にかけたことであろう。これが、技術の限界ともいうべき大神殿を可能ならしめた、時代的背景である。高度の技術は、おおらかな時代の人々の希望を表現するために駆使されたと考える。

わたくしが感動するのは、そういう出雲の大神殿の架構と平面に対してであった。そしてもし神殿の近くに建築を考えるとすれば、その建築は、古代におとらぬ現代の技術の大胆な、そして正し

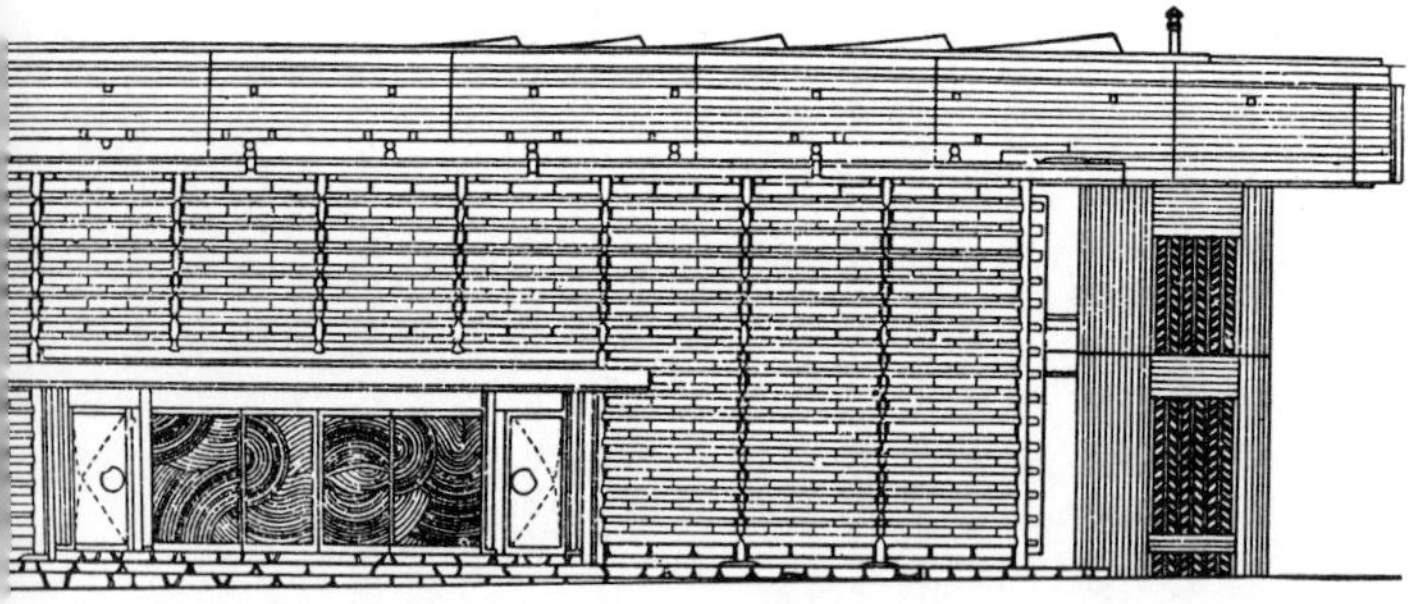

（作品）出雲大社庁の舎について

正会員　菊竹清訓君

この庁の舎の建物は出雲大社の宝物殿と社務所に相当するものである。二本の棟柱にスパン四〇メートルのI型プレストレスト・コンクリートのI型梁を二本架け、これにプレキャストコンクリートの方立を寄せかけ、横桟を渡して構成されている。出雲地方にみられる稲架からヒントを得たとおもわれるこの構成は独創的であり、自然の環境、既存の社殿ともよくマッチして異質感を感じさせないすぐれたものである。壁パネルを始め細部にも注意がはらわれ、室内も檜材とコンクリートの調和がよくとれ、打放しコンクリート仕上にあり勝ちな荒々しさがなく、入口グリル・庭園など美術家との協力にも成功している。

伝統的な神社建築とコンクリート造の新しい造形の建物とを巧に調和せしめたのは作者のすぐれた手腕を示すものである。よってこの作品に対し日本建築学会賞を贈るものである。

（建築雑誌より転載）

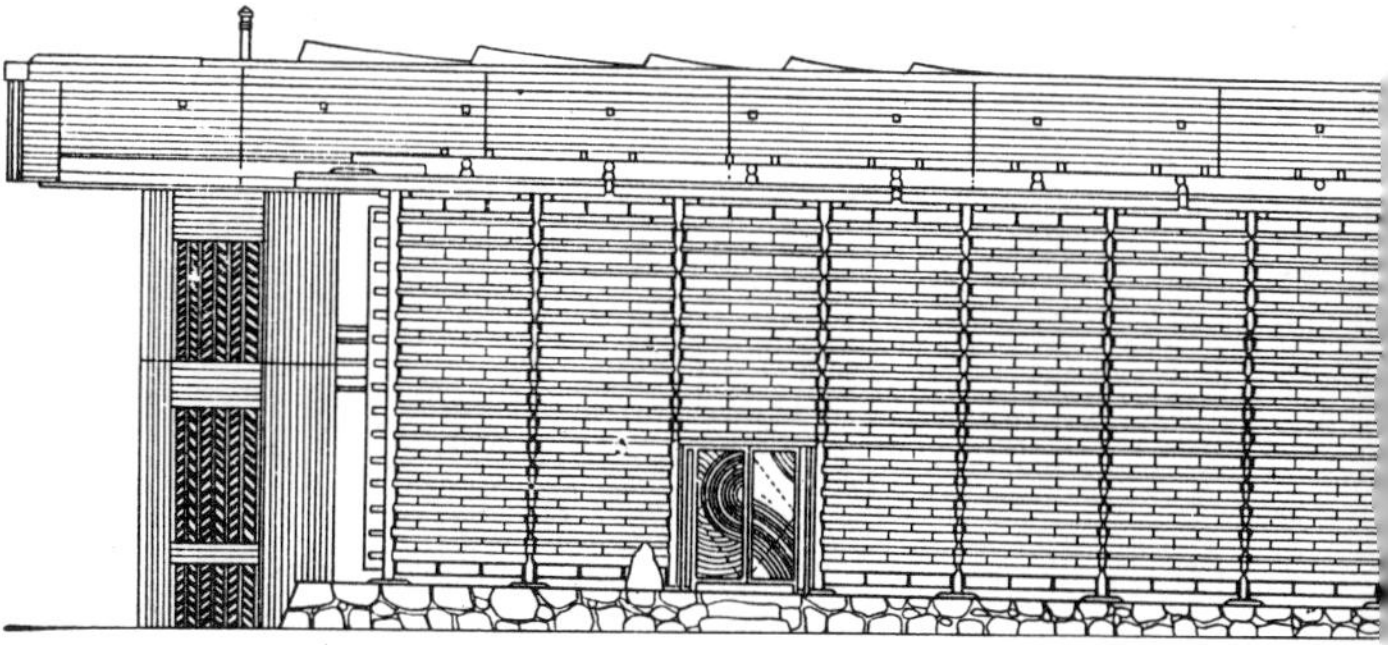

出雲大社庁の舎　1963

い適用によって、現代の希望を表現するものでなければならないと考えるに至ったのである。

モチーフ

文明評論家、川添登氏は∧神々のすまい∨の中で出雲の神殿を∧神の住居∨としているが、わたくしはこれを米倉のシンボルと考えたいのである。

米倉のシンボルだからこそ、大規模に強壮につくられることに意味があり、そしてその地域のシンボルとなりえたと考えるのである。米倉に貯蔵し一年間保存するためには、よく乾燥する必要がある。乾燥には、季節風を利用して、いいいなかけが用いられており、それはこの地方独特の風景となって今日におよんでいる。いなかけは、この地方では、どこでも見られ、だれもが親しみをもち、かつその機能を熟知しており、単純で率直な構造の原理をもつものである。

そこでわたくしは出雲大社庁の舎のモチーフを「いなかけ」としたいと考えた。

神　道

出雲をシンボルとする神道については、いろいろの解釈があるが、わたくしの解釈では、二つの考えかたがその基本となっている。

一つは再生の思想であり、一粒の米から新しい芽が出て実のるという、農業の一年をリズムとする繰返しのプロセスと一致した、ものの考え方である。ある意味で、メタボリズムの思想に近似したものがある。

二つは、人みな神の思想である。八百万《やおよろず》の神々とよくいわれるが、日本の神話ほど多数の神々がでてくる神話はない。母系家族集団の上に成立したとはいえ、これは民主主義の思想にきわめて近い思想といってよい。

心理的表現の探究

神道の神社で、すべてに共通してみられるのは素材をそのまま使用し、その結果、単純で簡素な表現と形態をとっていることである。木皮葺の屋根・柱・梁・壁・階段等すべて木材だけという、つまり徹底した単一素材主義の建築である。

そのため構造と仕上げ、主体と装飾という区分は全く無い。ここではすべての部分が架構に参加し、仕上げそのものとなり、美的感覚を同時に満足させている。

この単一素材主義が、日本建築の基盤となり、日本建築を秩序づけ性格づけている主要な思想の一つとなっているといってよいであろう。

技術と美学

アンドレ・ジーグフリード（Andre Siegfried）の“ASPECTS DUXXE SIECLE”で言っている、＜技術は手段である。そして手段であることが、その存在理由である＞という技術に対する基本的態度についてつねに考えさせられる。

彼はつづけてそこで、技術を目的としかねない危険人種として、アメリカ人とアジア人をあげているのである。もしここでのテーマが〈Aesthetics of Technology〉だと彼が知ったら、さぞ教養がないと嘆くことであろう。一般に、美をとりあつかう場合、まずギリシア的芸術観と、ロマン派的芸術観の対立を思いおこす必要がある。アリストテレスに指摘されたギリシア的芸術観は、技術と模倣であり、ロマン派的芸術思想は、天才と独創である。

早稲田大学理工学部電気工学科教授、高木純一氏は、〈現代技術は何を示唆するか〉の中で、〈現代技術は生命をもつ〉かのように、発展しつつあることを述べている。現代技術と美学というA・I・Aのテーマは、技術と美学を同一レベルで対立的に並べているが、問題はこれが、どのように設計の論理のなかに組み込まれるべきかを問題にしたものとして理解すべきであると考える。出雲大社庁の舎において、まず技術的条件において、設計手段、生産手段等すべて現代技術の示すものは、マスプロの方向に向かう工業技術であり、機構・体制である。

プレストレスト・コンクリートの大梁、プレキャスト・コンクリートのルーバー等、一つの例にすぎないが、規格生産に適合した普遍的技術である、にもかかわらず、出雲大社庁の舎のみにしか実現されない、つまり単品生産をわたくしは強《し》いている。

これはもう一つの地縁的条件が、そうさせたとも言える。どのような地縁的条件で建築を出発させたらいいか、どこまでが望ましいかは全くわからない。建築家は、しばしば与えられた条件から出発し、なぜそういう条件が生まれたかという問いを不問にしがちである。

技術的条件は、普遍性を求め、地縁的条件は独自性を求めており、二つの条件の間には、互いに対立矛盾する関係が厳存する。出雲大社庁の舎にみられる規格的部品にみえるルーバーも、上から下にしだいに断面を変えており、けっして画一的ではない。また、単純にみえる大梁の形態も複雑で特殊で、けっして一般的なものにはしていない。出雲大社庁の舎は、基本的にいって二つの対立し矛盾するもののなかから、それらを否定しつつ統一するものとしてつくり出されたものに他ならない。現代建築の当面する明日への課題を、わたくしはここで強く意識させられた。

古いものと新しいものの比較

出雲の神殿において、それが住居であれ、倉庫であれ、その建築の空間は、使われ方のいかんにかかわらず存在する。

九本の柱によって囲まれ、高くささえられた一〇メートル角の空間は、たしかに住居といっても不思議ではない人間的な広がりをもっている。もし住居として使おうとすれば、近代的設備をもちこめば、そのまま立派に住居として成立するであろう。わたくしは建築において、空間そのものを決定づける空間と、生活に対応する生活装置の二つがあると考えるのである。

出雲の神殿にかぎらず、歴史的遺構では、われわれは空間をみているのであり、一方、現代建築では、生活装置との関係に相当のウエイトをおいて見ているのである。

そういう考えにしたがえば、空間をどう考え、生活装置をどのようにととのえ、そしてこれらの間に、どのような関係をつくりだすかが、建築の課題となってくるものと思われる。そして機能に対応するこの二つの関係と結びつきは、新しい形態をつくりださずにはおかないのである。

出雲大社庁の舎では、空間は、両側の二本の柱と四〇メートルスパンの大梁でつくられている。大梁についた屋根版中二階スラブがこれに加えられるが、高さと、広がりと、向きは、これでほぼ決定づけうる。他の玄関、横ルーバーの外壁、HPシェルの階段壁、室内仕上げはすべて、生活装置として計画することにした。

空間は主たる空間の骨組であり基本的仕かけである、時間的にも、機能変化に影響をうけないものであると考え、鉄筋に対するコンクリートの被覆も、一〇〇ミリとした。

しかし従となる生活装置は、現在の要求を満足するように、必要に応じて、空間にとりつけるという方法をとり、機能変化に対しては、今後も位置が変わり、材料をかえ、更新する部分も出てきていいという考えをとったわけである。その一つの例として、私は横材を当初、色付の強化ガラスで計画したが、生産技術上、異形断面の強化ガラスは、不可能のため中止し、これをプレキャストコンクリートにおきかえた。

しかし、おそらく近い将来、ガラスの技術の進歩によって、はじめの構想が実現しうるようになると思う。そのときには、外壁部分は、許されれば全部ガラスにとりかえたいと思う。

わたくしがメタボリズムというのは、このような生活装置を生活に対応して、交代、変化させうる方法を、建築に導入するということである。これは一方において、変化しない、建築の中心となり、主となる部分を、明確にすることに役立ち、建築家の目標をはっきりさせることになるのである。そして、この二つの関係の間には、変化を可能にする、メタボリック・システムが新たに必要となってくる。

このような考えは、最終的形態をもたないという点で、とくに慎重な実践が要求されるだろう。しかし人間的空間の蓄積と、時間的に変化を許す形態によって現代の工業生産技術に生活装置をゆだね、開発を進めようとすることは、現代建築にとって必然かつ有益な方法であると考える。

秩序の展開

わたくしは古い伝統的建築と、新しい建築の間に、その〈奥床しさ〉と〈きたなさ〉がみられることに、つねに驚かされるのである。

時間がたつほど、だんだん奥床しさを加え、親しみをます建築と、しだいによごれ、見すぼらしくなる建築との間に、これをただ、単なる耐用年限の問題とか、クリーニングの問題ではなしに、建築の本質的な人間性の問題がここにあるように考えたいのである。

出雲地方は、日本の多雨なモンスーン的風土で、最も雨量の多い地方で、年間一九七一ミリ、晴天は年一〇三日という、きわめてウェットな地域である。

ここに建てる建築は、つねに雨をうけ、湿気に侵されるので、そのための解決の技術が要求される。と同時にわたくしは、単なる技術的な解決のみでなく、それは雨の中、霧の中、雪の中で美しい解決として、示されることが必要だと思うのである。

出雲の神殿は、大屋根と高床で、見事に明快に解決し、このため古い歌に、「雲の中に聳える」建築として知られてきているのである。低い庁の舎では、インシュレーション材を使用して、床を地盤とほとんど同じ高さにとっているが、その他、雨水を上の横桟からだんだん下の横桟に落としていく方法で、その水跡を外部のデザインに仕組んだことが上げられよう。

これはちょうど、日本の段々状に重畳する、水田の一般的風景にも似ているであろう。こうすれば、雨の降りはじめと、降りおわりに、そこに水跡がのこり、時間とともに横桟に水自身のデザインが付加されるであろう。また同じようなことで、雨による色の変化をより強調するため、庇《ひさし》の出を加減し、仮枠を木とプラスチックの二種類にした。コンクリートに使用した砂は、砂鉄分の多いこの地方の砂で、時がたつにつれ、全体の色がしだいに赤味を帯びてくるものと考えている。

こういう問題での、時間による効果は、ウェザー・メーター等ではけっして明らかにすることはできない。

伝統的な古い建築から、いろいろ学ぶ以外にない、建築と自然との時間的対話からである。また、人間と建築との関係も重要である。一般には、尺度の問題がとりあげられるが、それ以外に出雲大社庁の舎では、とくに彫りの深い外観、皺《しわ》の多い表面にすることにした。そうすれば太陽の角度で陰影に変化が生まれ、また人が建物に近づくにつれて変化する外観をつくりだすことができる。

正面のスチール・グリル扉は、グラフィック・デザイナー、粟津潔のデザインであるが、扉に近づくにつれて、刻々変化してみえる縞《しま》模様の見込みの深いデザインである。表面がツルツルした平滑なデザインは単純ではあるが、太陽がのぼるとともに輝き、落ちると同時に冷たくなる、あたかも砂漠のような建築である。

しかし、彫りの深い、皺の多い建築の方法は、風雪を耐えぬいた大樹の表皮のように、暖かく、豊かに人間に語りかけてくる、奥床しい建築の方法だと思う。しかし、建築の各部分のすべてに、同じように長い時間に耐えぬく、奥床しいデザインを求める必要はない。

ある部分は交換し、更新することによって、つねに新しく輝き、楽しいデザインとする方法を、同時にとりいれるべきである。

出雲大社庁の舎における、コンクリートと木材との使い分けは、こういう考えにもとづいている。

室内の仕上げに木材を使用し、より人間的な暖かみのある生活装置にした。究極的に空間の差は、安定的で奥床しく、生活の美は変転自在に楽しくなければならないと考える。

最後に、出雲の神域において、いくつかの建築の間の関係について述べておきたい。

一般に建築をデザインする場合、つねに主となるものと、従となるものがあって群にはじめて一つの秩序が生まれる。

出雲においては、神殿があくまで主であり、その他の建築はすべて従であって、庁の舎も同じように従の建築でなければならない。主と従の関係は、大と小であり、強と弱であり、高と低である。しかし従が生まれてはじめて主がきわ立ち、主によってよく従が成立するという、相互の関係が必要であり、それは強い緊張をもったものでなければならない。こういう〈相互関係〉と、〈序列関係〉が秩序をつくる。

相互関係としての序列は、建築群、架構、材料、色彩等あらゆる部分に必要である。何が中心であり、何がその従属関係にあるかという秩序を捜し出す操作に、わたくしは人間性が大きく介在すると考える。これは偉大な人間性こそ、偉大な秩序を生みだす源泉だとする考えを導くのである。

空間の秩序こそ、建築の本質である。言い換えれば、人間性が、建物を方向づけ、決定づけるのだといえよう。それが秩序であり、構想である。したがって、人間性抜きの技術も、人間性のない機能も、ともに無意味であるが、また技術を欠いた人間性も、機能を無視した人間性も同じように有害である。

だからそこにデザインの方法論が必要となり、方法論の中に位置づけられた、技術・機能の認識が重要となってくるのである。そうしてはじめて、人間性は歴史とともに高められ、豊かになっていくものだと思う。

古い伝統とは、古い秩序であり、新しい秩序は、新しい伝統を創造するということでなければならない。古い伝統から、われわれは、この秩序の精神を学びとるのでなければならない。そしてはじめて新しい秩序を、新しい形態で示すことができるのである。

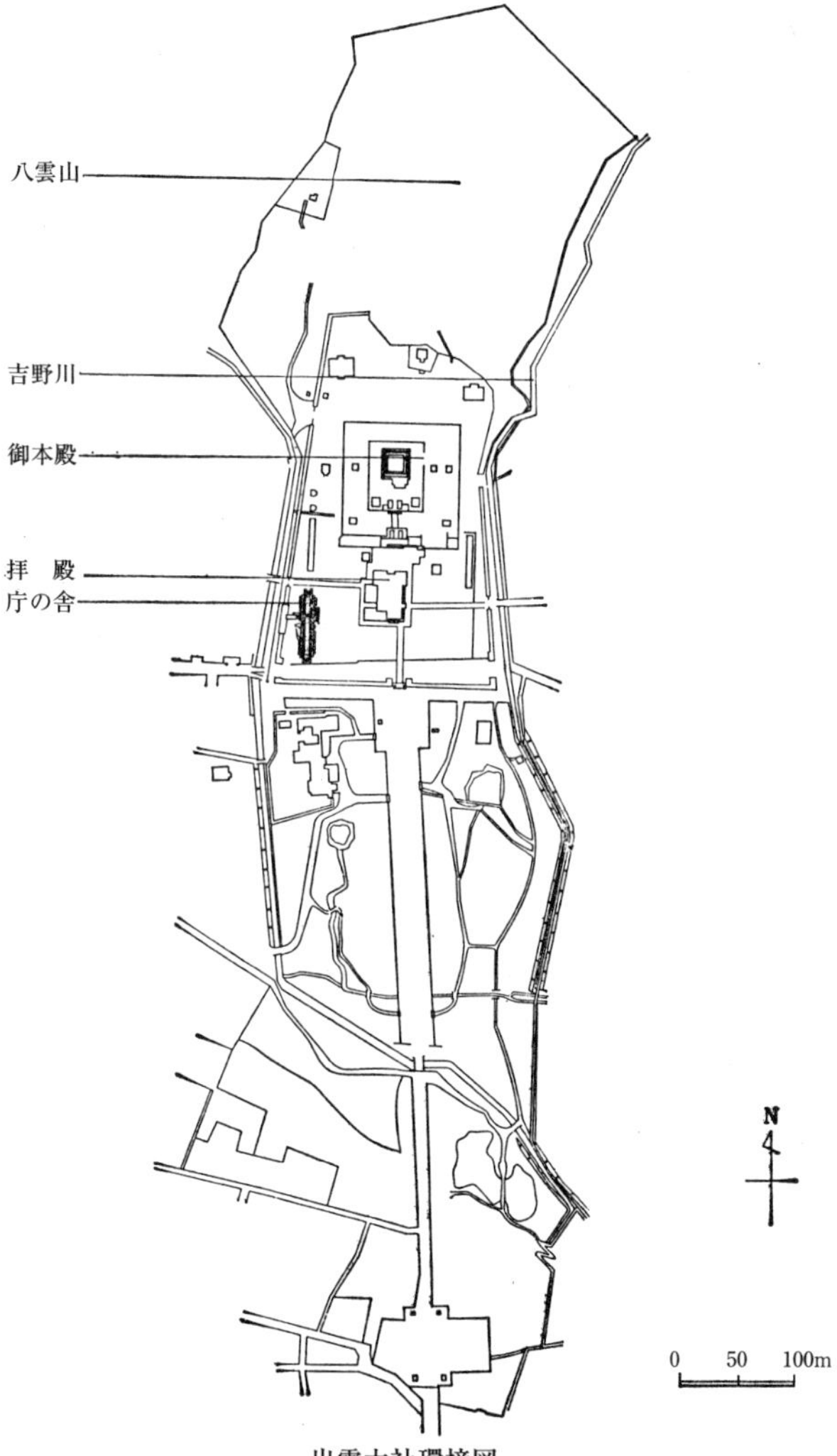
八雲山
吉野川
御本殿
拝　殿
庁の舎
N
0
50
100m

出雲大社環境図

出雲と伊勢

最後に日本の新しい形態と伝統について考えてみたい、伝統的建築の代表的なものとしては、伊勢、桂があげられている。これらの建築はいずれも共通して、繊細、優美、清楚である。

わたくしも、これらをたしかにすぐれた日本の伝統的建築と思っているが、出雲・厳島・清水といった、豪快・素朴・雄大な別の系譜があると思う。そして形態が対比的であると同時に、それらのもつ秩序もまた対比的である。一方が表象的だとすれば、一方はより合理的であり、感覚的だとすれば、他方はより技術的である。

そして、これらの建築がつくられた時代的背景をみると、伊勢や桂がそれぞれ、その時代の革新期ではなく爛熟記に建てられていることに気付く。こうしたことを考えれば、現代においては、古い伝統の中からなにを選び、なにを学び、なにを伝承し、そしてなにを新しくつけ加えていくか、おのずから明らかになってくる。

ここで、単なる形態のみを問題にすべきではなく、その技術的実体を問題とし、さらに本質的秩序まで含めて、伝統を問題にすべきであることがわかる。

新しい民主社会における人間の建築を問題とするのであれば、新しい形態は、古い伝統的形態の上に成立はしないということができる。新しい形態は、神のためのものではなく、権力者のためのものでもなく、これをより多くの人間のためのものとしなければならない。

明日の建築は、機械のためでもなく、技術のためでもなく、真に人間のために創造されねばならない。これが日本の現代建築の課題であり、新しい形態の責任である。わたくしは、西欧の建築を十分にみて確かめるという機会が少ないし、また建築理論に関する注目すべき建築家との討論も、その著作に触れる機会も少ないため、西欧の建築を講演の中に組みいれることを躊躇した。

翻訳書からだけでは、誤りを犯しそうに思えたからで、日本の伝統的建築をとり上げた様式主義の歴史書における同様である。ここではデザインの三段階の方法論には、深く触れなかったので、ハワイでの汎太平洋賞記念講演を合わせてみていただければ幸いである。

（サンディエゴ・コロラドホテル大ホールにて）

Ⅲ 目に見えるものの秩序

柱は空間に場を与え床は空間を限定する

わたくしは、設計仮説のなかで、〈か〉から〈かた〉にうつるときに、テクノロジーを媒介とするということを述べた。これを厳密に言い直せば、機能体系を空間組織におきかえる場合、そこに技術の適用があるということになる。

しかもなお、その適用においてつねに現代的でなければならないというのが、現代建築にとって重要な、〈現代かた〉をつくりだすうえでの態度だと言おうとしたのであった。そこで、ここでは、機能と空間のあいだを橋渡しする基本的なテクノロジーについてとりあげて、〈かた〉の段階として、どういうことが問題として介在するかにふれてみたいと思う。

「空間」についてまず〈かた〉の実体は何かを考えることになる。それは建築において、架構体である。架構体だけではないが、少なくとも建築をなりたたせているものの一つとして架構体があげられる。そこで架構体を考えて見ると柱が重要な意味をもっていることに気付く。「柱」とは屋根と土台をつなぐものという意味があり、建築以外にも使用されるほどに、ものの基本をあらわす言葉となっている。柱のもつ意味、内容は明らかなところであるが、わたくしはここでは設計仮設の立場から柱の問題をとりあげてみたいと思う。

柱は、空間に場を与えるものである。

わが国では、よく巨木の幹に、しめなわを張って神木として祀《まつ》っているが、この樹《き》をみるとき、われわれはその幹のもつ経年数の迫力にも打たれるが、と同時にこの幹が上部構造としての枝葉のつくる天に比すべき小宇宙と、地下に張ってこれをささえる下部構造としての樹根を、一つに結ぶという幹の緊張感に、しばしば感動するのである。たとえ幹の上部が切りとられても、われわれはあるべき上部構造を想像して同じ感動をうけとるであろう。

これは幹が、無限に広がった空間のなかに、場をつくっているのであって、柱はこの幹と同じような役割をもつものと思われるのである。祭場を設営するとき、四本の竹を四隅にたて、これになわを張りめぐらすとき、われわれは、空間の場を、よりはっきりと意識する。しかし、この場の意識は平面的であって、柱のしめすような、感動的な場ではない。一つの約束といってしまえば、それでとおるほどの、はかない場にすぎない。ここでは四本の柱は、場を暗示するにとどまって、柱と場が緊密な関係をもつには至っていない。

柱は空間に場を与えるが、その場の強さは、柱のささえる力に比例するのである。マルセイユのアパートの二〇〇〇トンの力をささえる一本のピロティのつくる場と、パーゴラをささえる柱のつくる場は、おのずから異なった場の緊張感となって表われてくる。わたくしは、柱において、とくにわが国の異なった横力をうけとめる柱において、この場をどうとらえていくべきかを実践を通じて考えつづけてきた。

一九五八年のスカイ・ハウスにおいて、わたくしは版状の柱（二四〇〇×三〇〇ミリ）で、住居空間に強い場を与えようとしたのである。これが壁柱の最初であった。

しかしより大きなスケールの空間に対しては、等厚の版状壁柱では構造的に合理的ではなくなる。したがって端部の断面を増し、壁の部分の肉厚を薄くするという方法をとらざるをえない。これを、セコニック高層工場や、ブリヂストン横浜工場カテナリー体育館の計画に適用したのであった。一般的にラーメン構造（梁・柱）の耐力壁という理解は贅《ぜい》肉という点で適当なものではないと考える。

しかしまた、端部をふくらますという壁柱においても、壁面の大きさが、大きくなりすぎる場合、壁柱としての一体的な構造的効果はうすれ、空間の場の緊張もゆるんでしまう。これは、早大構造研究室の松井源吾博士による光弾性の写真の結果に歴然とあらわれる。壁柱におこる応力を検討する写真において、わたくしは場の緊張度をそこから読みとろうとしてきた。広い壁面は、もはや柱としての緊張を失うにいたるのである。館林の市庁舎の壁柱は、このため付柱、付梁とでもいうべきリブを所要の部分に設けて、応力の分布を、視覚化し、壁柱の緊張度を、補おうとしたのであった。

わたくしはそれぞれの段階において、壁柱の方法をなお探したいと考えているが、同時に、この設計以後「貫」という新しい手段を発見したことで柱を壁から開放するという方向に、進むことになっていくのである。東光園の計画案における主柱と、添柱、これをつなぐ貫の構成による空間の場は、これまでになく、わたくしの考える緊張の強さを示してくれたのである。あるいは、軸方向力の柱と、横力用の柱という風にもいえるかもしれないが、少なくともこれまでRCの架構における場のあいまいさからは、救われたように思えた。

そして、この架構の方法をおしすすめていくとき成長する空間において、横力のうけ方の変化に対して適応できるかもしれないという現代の問題へのつながりについての希望をもちうることも、一層わたくしを勇気づけたのである。

東光園の計画においては、「テンションの柱」という新しい問題が採りあげられているが、これはまた別の機会にゆずることにして、主柱と添柱を貫でつなぐ「柱貫方式」は、さらにわれわれの計画した、佐渡ホテルで、具体化され、その有効性が、確認されたのである。

自由な構造という問題が、柱の追求によって、ようやく解けていくようにわたくしには思われたのである。しかしわたくしは、あくまで構造技術としての、「柱貫構造方式」を問題にしようとしているのではない。空間柱ともいうべき、柱が空間に、いかなる場を与え、場をつくるための柱はどうなければならないかを考えているのである。ルイ・カーンが四本の柱のなかに空間があるというとき、わたくしは彼のかく四つの点が、空間をとりまく壁に見えてしかたがなかった。柱は、柱のまわりに場をつくるのであって、空間は柱の内側でも外側でもない。ル・コルビュジエが、近代建築の五原則のなかで、柱と壁をかたくななまでに引きはなそうと主張するのは、〈柱のつくる場〉を、彼一流のするどい洞察で予感したからではなかったか。わたくしは、真に力をうけもたない柱、不必要な柱、必要以上に巨大な柱等々の柱に興味をもたない。また空間とのかかわりをもたない柱も同様である。

そしてまたわたくしは、柱は力そのものの表現であり、素材そのままの柱が、空間に場を与えるのに最もふさわしいものではないかと考えるのである。

こういう柱の問題はそのまま「床」の問題として考えることができる。水平な床は、直接的に人間生活をささえるという物理的な意味と同時に、わが国において培われてきた床に対する安定感という心理的な意味をひっくるめて、床は空間を規定するとわたくしは考える。

屋外の能舞台や露台にたいして、われわれは限定された空間を感じるのである。床が天井や壁より強くまず空間を限定し、限定することができるということを言いたい。清水が、パリのエッフェルだといわれるのは京都に対する高さの設定という意味において正しいが、しかし高さという点だけでは、あの清水の舞台といわれる広がりをもった床は必要ではなかったであろう。床がつくりだす空間は、無限ではなく、限定することにほかならない。われわれの追求しているフラットスラブの問題というのは、あくまで空間を規定はするが、遮断したり区切ったりはしない、空間を限定する床の追求であり、床と空間の関係に対しての技術的解決であった。床のスケールは、単に建築のみにとどまるものではない。

都市において、新しい人間の空間を獲得するための池袋計画におけるデッキの設定は、ほかならぬ都市の床への提案であり、海上都市は都市の床で構成された、もっとも人工的基盤の提案であった。

京都国際会館において、「車の床」と「人間の床」に分けて考え、二つの基盤（plat form）を段差をつけて設けたのも、総会のための大会議場のレベルと、実質討議のための中小会議場のレベルをスキップにしたことも、この床の空間概念を適用したものであって、すなわちひとつづきの空間は、スキップにすることによって、これを二つの空間に規定できるという考えが、その基礎となっているのである。

わたくしは、空間に場を与える柱と、空間を規定する床の問題に、わずかしか触れえなかったかもしれないが、わたくしが言いたかったのは「かた」のまえにあるテクノロジーを背景とする、われわれの求めている空間概念についての問題を、明らかにすることであった。

おそらくまだ多くの問題が、ここにはあるであろう。われわれは、「現代建築のかた」をつくっていくために、それらの問題に、やがて直面させられるであろう。そのとき、この問題にさらに詳細にふれたいと考える。

柱は空間に場を与える

建築空間における柱をとりだして考える場合、二つの方法がある。一つは建築を構成するエレメントの一つの単位として、取り出して考える方法であり、もう一つは、空間の表象的性格として柱をとらえるという方法であろう。

ここでは、後者の方のアプローチから、建築空間における柱について、いくつかの問題をあげてみたい。それは、エレメントとして、はたして柱が建築の一つの単位として、抽出できるものかどうかについて、わたくしには疑問だからであって、もう少し時間をかけて考えてみたいと思っているが、いまのところ、かなり悲観的である。ではわたくしの考える柱は、一体どういうものかというと、前にも述べているように「柱は空間に場をつくる」ということになる。つまり空間柱という実体的認識である。この問題をここで、もう少し展開してみたいと思うのであるが、これは結局、柱の表象的性格ということにつながるものであろう。

言い換えれば、柱を構造的に見る立場と、空間として見る立場があって、ここでは空間的な問題として、どういうことが考えられるかを考えてみたいということである。

独立性

柱とは何かといえば、建築の上部の荷重をささえるために立っている、垂直材ということになろう。しかしこれだけでは、メーソンリーの架構方式での壁体も、荷重をささえる垂直材といえるから、壁と柱の区別がつきにくい。

また上部の荷重を必ずしもささえない、エジプトのオベリスクのようなものも柱ということができるから、柱の定義は簡単なようで、むずかしい。こういう構造的な見方ではなく、空間的な見かたをとると、「柱は空間に場を与えるもの」ということになる。こうすればたとえ力をそれが受けていなくても、また垂直材でなくとも、柱を問題にすることができるように思う。

こういう定義をすると、柱が壁にかくれてしまうような、空間的に視覚的に見えない処理がされる場合、その柱では、積極的に場をつくろうとしていないことになり、逆に独立柱といわれる露出した柱を考えるような、ル・コルビュジエのいう近代建築の五原則の中の壁と柱の分離という計画の方法によれば空間に強い場を設定することができるということになる。

柱と場の関係

では一体、「柱は空間に場を与える」というときの場とはどういうものであろうか。場についてのなんらかの明確な規定がなければならない。構造的な見かたをとるとすれば、柱のささえる上部

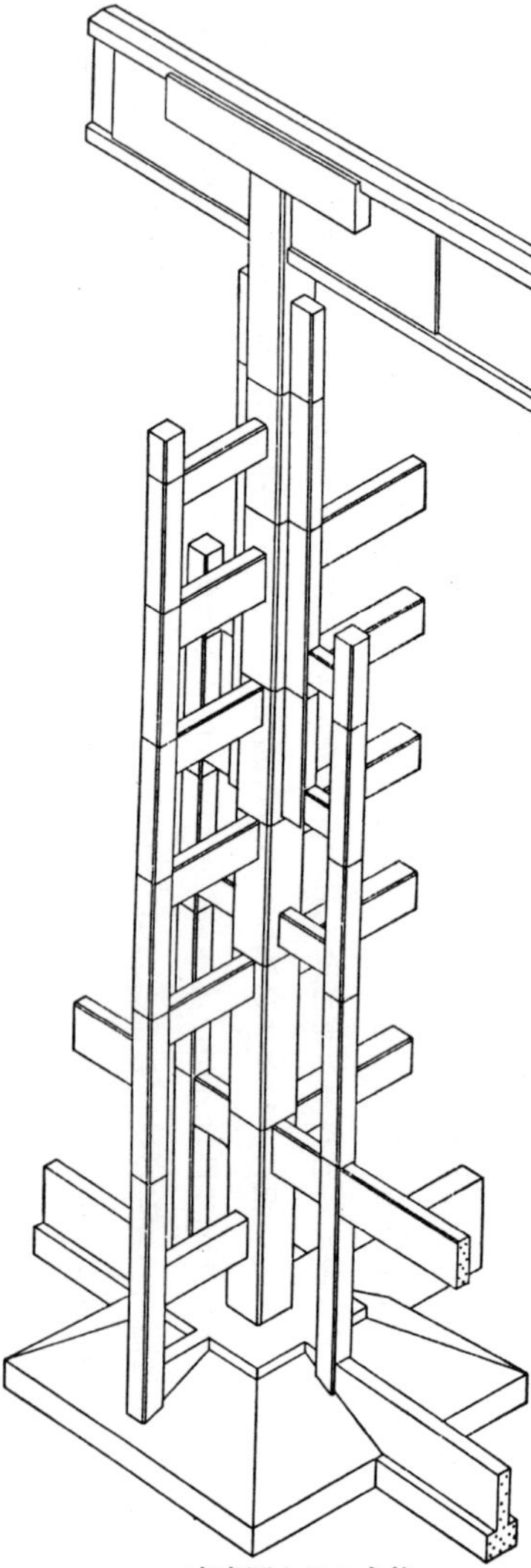

東光園ホテル主柱

荷重と柱の関係で、一応いうことができよう。つまり柱のささえる屋根面積なり床面積が、その柱の場ということであって、したがって、これを荷重と柱におきかえてみれば、そこに比例関係が成立し、太い柱、高い柱は、より広い場をつくり、細い短い柱はより狭い場しか、空間に与えないということができる。必ずしも荷重をうけていなくても、ささえることのできるであろう荷重を想定することができるということで、やはり場は成立する。これに材料の要素を入れて考えることができるであろう。木材の柱とスチールの柱、コンクリートの柱と石の柱といった材料の種別による場の相違は、その圧縮強度で違ってきてよいはずである。支持する重量で違ってくる。

柱のみが場を決定はしない

「柱は空間に場を与える」ということは、単純な独立柱では、一応成立するかのようであるが、これはあくまで、これまでの構造形式なり架構方式の範囲であって、柱は邪魔になるので、なるべく無くしたいということもある。柱らしいものが、空間から除かれるという場合も今後、生じてくることが予想される。

たとえば、外部サッシュが、単なる窓枠ではなく、構造体の一部となり、荷重を分担するという場合や、サスペンション構造の使用によって、ある階には柱がでてこないというような場合である。こういう場合には、空間に場を与えるものは柱ではなく、別のものになるわけで、したがって「柱のみが、空間に場を与える」のではない。

あるときには斜材が場をつくるかもしれない。ルイ・カーンのフィラデルフィア計画の中に示されている斜めの架構構成が、それである。あるときには梁かもしれない。一ツ橋中学における大梁は、柱よりはるかに強く、空間の場を決定づけているといってよいだろう。

また、それは天井面かもしれない。ブリヂストン横浜工場体育館の室内において、カテナリーで高く低くうねる天井面は、明らかに空間に影響を与えており、この影響は、柱のたてられている位置とはズレていることがわかる。ここでは、天井面が、場にむしろ直接的に関係していることがわかる。しかし、柱と場との関係がもっとも密接であることは、確かなように思う。

内の場と外の場

わたくしたちが、もっとも強烈な印象をうけるのは、中心柱においてであって、空間の中心に、より太く、より高い柱が、据えられるような場合の柱と場との関係である。

架構方式が木材を使うことによって、柱と梁の構成であった日本の建築において、きわだった例を上げることができる。

出雲におけるウズ柱と、まわりの柱による正方形の平面が、それであり、また五重塔における芯柱と、まわりの小屋根、小柱等のとりあつかいにおける柱と空間の場の関係をわれわれは、容易にある強烈さをもって発見することができる。

スイス学生館、マルセイユ・アパートにおけるピロティの柱と場の強さも、われわれのよく知っているところである。したがって、こういう柱によって、場をより強調しようという試みは、歴史的に数多くの例をみることができる。その中で、古典としてよくあげられるのが、ギリシア神殿に使われている柱であって、そこではキャピタル、柱のエンタシス・フリューテング、ベースのすべてが、巧妙に仕組まれており、場のもっとも感動的美を創りだしている。この例は、内側の空間の場というより、建築の外側の空間に場をつくりだしているよい例であって、わが国にも、柱と枡《ます》組、斗栱《きょう》等による強い場をつくりだした例をあげることができる。そして、その最も単純なものを鳥居にみることができる。

テンションの柱

さて新しい課題として、これまでに書いてきた柱は、すべて荷重をうけるうけ方が、ほとんど圧縮力であったわけであるが、テンションをうける柱の問題についてふれてみたい。

スチールという素材では、架構方式を別として考えてみても、テンションに対して有効であるから、引張力に対する柱が当然考えられてよいだろう。こういうテンションの柱のつくる場とは、どういうものであろうか、圧縮力の場合のような場との関係が、あてはまるかどうか、いずれにしてもテンションの場合、実に微妙であるようだ。ガウディが、架構形式の発想において、逆なテンション時のスケッチをしているが、彼はテンションの造形を予感した建築家の一人ではないかと思う。しかしここで、テンションそのものの柱と場との関係の微妙さには気付かなかったかもしれない。圧縮柱におきかえることによって、ガウディの強い造形が、実は強調され得ているからである。しかし、彼は何かテンションの造形の糸口を発見しかかっているようにみえる。

いずれにしても建築家のとらえようとする空間、つくろうとする空間における柱の意味は、空間そのものが重要になればなるだけ大きいものがあると思う。究極的には、構造技術が空間の問題におきかえられ、環境デザインとして追求されるとき、そこに人間のための技術の適用を発見できることになる。「柱は空間に場を与える」という仮定は、このとき意味をもつことになるのである。

床は空間を限定する

床の問題については、これまでにもしばしば問題にされ、とり扱われてきているが、あまりにも人間的空間にとって、基本的な要素であることが、逆にわざわいして、重大な問題という意識が希薄になっているということを、まず反省させられる。と同時に、生活を支持するという床の基本的問題に、都市空間および、建築空間における現代の人間環境についての、新しい問題を見いだし、これに対面しようとする態度を見失いがちなことを、つねに警戒しなければならない。そういうところから、きわめて概括的であるが、床に関する問題をここでひろい上げ考えたいわけである。したがって、ここに持ち出された床の問題は、けっして網羅的ではないが、すべてデザインの実践において直面せざるを得なかった現実の問題であった。しかしこれらの問題は、一応なんらかの方向が、討論によって見いだされたものもあれば、ただ問題の輪郭がやっとわかってきたというだけの結論も方向も、ないものも含まれている。

建築の空間を実体的にとらえて問題にする場合、＜柱＞と＜床＞という要素をこれまで主としてとりあげてきているが、しかしこれ以外にも、＜屋根＞＜壁＞＜開口部＞等、多くの要素があることは、すでによく知られているとおりである。

では、そういう要素のなかから、なぜ＜柱＞と＜床＞という二つをことさら選んで、とりあげるかといえば、＜柱＞と＜床＞が空間を決定づけるより基本的要素ではないかと考えていることが、一つの理由である。しかし、つけ加えるなら、＜柱＞に惹《ひ》かれ、＜床＞により強い関心をもつことが、その発端であり、もう一つの理由でもある。

《水平性》と《限定性》

床に興味をひかれたのは、一〇年ほど前にさかのぼる。ふと清水寺を見てからのことである。大小二つの舞台とでもいうべき建築が、崖《がけ》地にそそりたっているのを見て、実に強い印象をうけたことを記憶しているが、しかしそのときすぐに床の問題を考えたのではなかった。一般に建築をみる態度としては形態の美しさにまず感覚的にふれるのが最初であり、つぎにそれを知識で理解する段階がある。そして思考によって本質にふれるという認識の段階があることは前に述べたとおりである。

思考による認識には、この場合同じような条件でデザインするとすれば、どうなるだろうかということを想像することが含まれる。したがってこういう方法に対しては、思考を刺激する形態と、そうでないものがおのずとあって、わたくしにとっては清水寺は、きわめて刺激の強い形態であったことを記憶する。

こういう場合の、こういう方法は、しばしば実在する形態よりは、思考した形態の方が記憶されやすく、正確さを欠く欠点があるが、デザインの手がかりには、有力であろう。清水寺を考えつくりだすうえでは、当時求められた条件を推理することからはじめねばならない。舞台の設定のためには、なんらかの祭礼・集会等の機能があったに違いないと……。しかしそれだけでは崖地に建てるという結果が導かれない。京都の眺望、これもあるだろう。しかし決定的ではない。架構の強調ということだけで、あの場所が選ばれたとするのも、不自然すぎる。では一体、何がその決定的条件であったろうか。

「すべての建築を、とくに歴史的建築を、ただロジカルな推理でさかのぼって理解しようとすることは、危険である」と、かつてわたくしに岡本太郎は指摘した。古代においては、占《うらな》いとか呪《じゅ》術によって敷地が決定され、偶然がかえって人知をこえるという場合も多かったのではないかというのである。それはたしかに事実であろう。

しかし、わたくしの中に思考される建築では、たとえ仮定をおいたにしても、あくまで推理が決定的条件を捜し出さなければならないのである。清水寺の舞台は、＜床の設定＞が中心的課題だっ

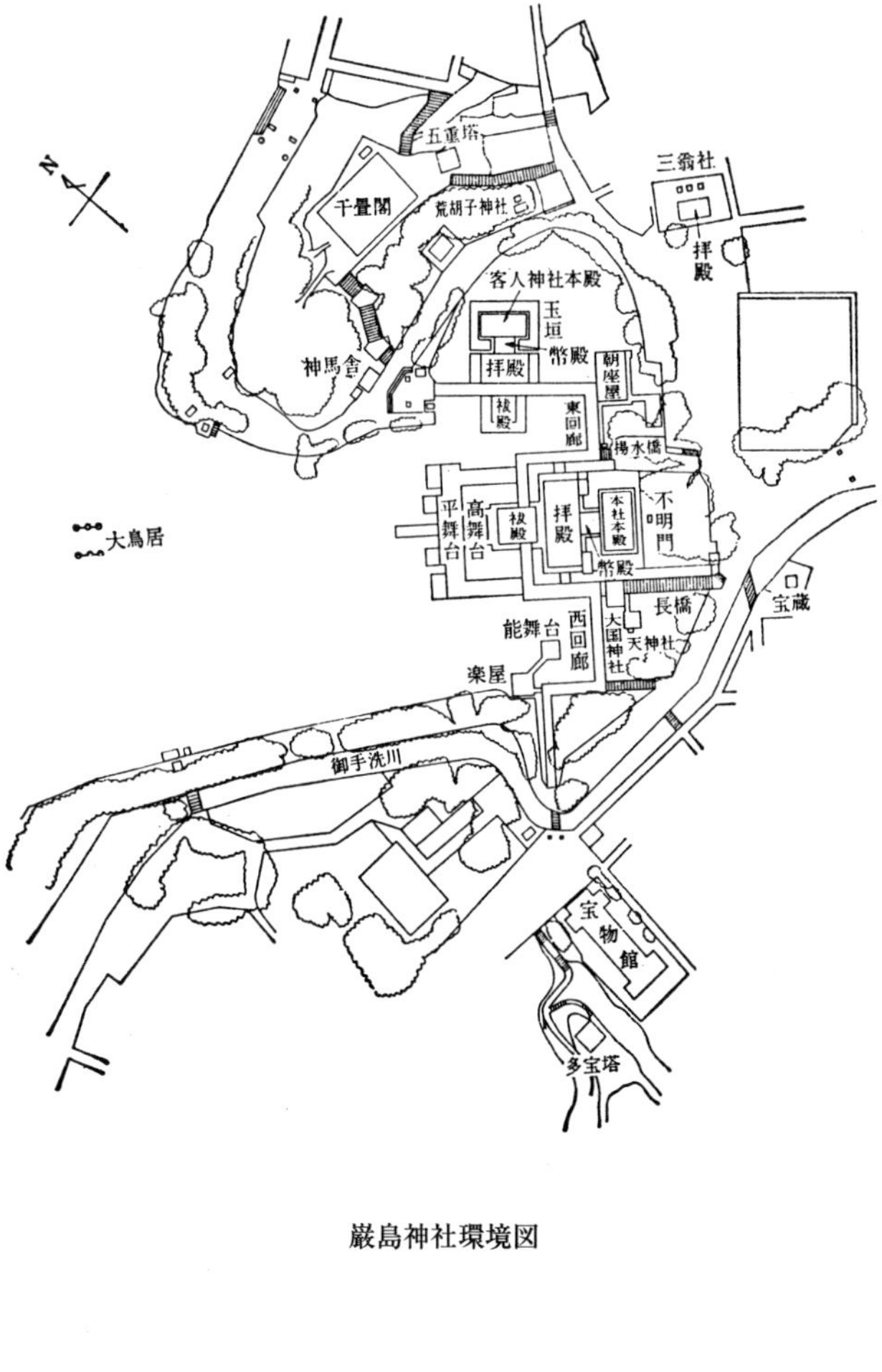
五重塔
三翁社
千畳閣
荒胡子神社
拝殿
客人神社本殿
玉垣
幣殿
神馬舎
拝殿
朝座屋
祓殿
東回廊
揚水橋
平舞台
高舞台
祓殿
拝殿
本社本殿
不明門
大鳥居
幣殿
長橋
宝蔵
能舞台
西回廊
大国神社
天神社
楽屋
御手洗川
宝物館
多宝塔

厳島神社環境図

たのではないかという想像に到達したのである。しかし推理的思考が到達した∧床の設定∨という条件は、特殊条件であってはならない。清水寺が∧床の設定∨であるとすれば、もっと他の建築においても、同じような条件で結果された床、すなわち意識的床の設定があってもよいはずである。

出雲大神殿の高床、厳島神社の浮床、雅楽の舞台等、そういう目でみると、∧床の設定∨と思えるものが確かにある。これまでの建築でそう思うのは、しかし一つの解釈であって、そう解釈して理解するまでのことである。もし∧床の設定∨がある建築にとって、決定的条件であるのなら、これを設計の場にもちこんで試さなければならない。試すことによってはじめてそれが正しいのか、誤っているかがわかるだろう。設計の有力な武器となり、空間の解決に有効性を発揮すれば、∧意識的床の設定∨は一つの原則をそこから生みだすであろう。

そこで京都国際会議場の設計で、本格的にこの∧床の設定∨を問題にしてみることにした。そのためには床とは一体何かということからはじめる必要がある。古語辞典によると、「〃とこ〃とは岩盤のことで、屋内の地盤の意も含み、後に〃ゆか〃に転用された」とある。床とは人間を支持する大地であった。また広辞苑によると、「家の内に人の起臥するところ」とあり、人間生活を支持するところということになる。さらに和英辞典では、床は floor, platform, slab という訳になっており、水平とか平板とか、層、台地、場などの意味もある。

こういう点から、床の共通の特質を、その≪水平性≫と≪限定性≫において、まず床は空間を限定するという命題をたててみることにしたのである。

地球の重力圏の中で生活する人間にとって、水平な支持面はきわめて基本的であって、人間生活を支持するところが床だとすれば、床の水平性は基本的な特質ということができる。新潟地震における、傾斜した建物に生活する体験の示すところでも、床の水平性は想像以上に重要なもののように思われる。ほんのわずかの傾斜をもつ床でさえ、不安感を与え、人によっては船酔いのような症状を訴えているからである。水平な床はけっして無限ではなく、有限である。その有限が生活を規定し、生活に対応して、有限である。有限であることを床は意識させ、意識させることによって、生活の場を表明しようとしている。したがって、この床の限定性は、生活を限定するものであるということができよう。

水平性と限定性の一つの例をあげてみるなら、水田がある。わが国においては、稲作による水田が多いが、そのことごとくが、水平面として設定されている。またその区画のされかた、つまり限定は、単純にいえば、農村の生活に密着した限定のされかたをしている。言い換えれば、生活に対応する広がりで、限定された水平面のパターンが、水田である。わたくしの言いたいのは、床を問題とする場合、この水田における秩序、かりにこれを水田型と呼ぶとすれば、水田型の影響は無視できないものがあるように思われることである。

さて〈床は空間を限定する〉という場合、もっとも限定を明確にするところ、あるいは限定が意識されるところはどこかと言えば、それは床の先端であり、縁であり切れ目であろうと思う。したがって、もし床は空間を限定するという命題を、設計において実証しようとするなら、床の広がりを問題にすると同時に、床の切れ目、先端の処理に注意深い配慮が必要となるだろう。まず、床の末端部がよく見えるような処理がつねに考えられねばならない。腰壁のような立上がりで、床の先端を見えなくしたり、梁と床を一体にするウォールガーダーのような解決はできるだけ避けるべきだということになる。壁体はなるべく少なくして、床がよく見通せるようにした方がよいことにもなる。また床そのものも、床版として強調できるような構造のものを開発して、格子梁床、ジョイストスラブにさらにつけ加えたいということにもなってくるだろう。

カンティレバーの形式は、より望ましい方法ということにもなるし、フラットスラブは、床そのものの取扱いにおいてユニークである。こういう問題を一つ一つ、つきつめてゆくことが、∧床は空間を限定する∨という命題の裏付けとなるのであって、少なくとも命題に逆らわないように、すべてを整えなければならない。どこまでも命題を貫き、矛盾に到達するまで、続けうるか。まだよくわからない。それまでは、わたくしにとって∧床は空間を限定する∨のである。

《起伏性》と《重層性》

たしかに、水平性と限定性が、床の本質的特質であることは、明らかであるにもかかわらず、現代において、現実に床に求められているものは、それだけではないように思う。目で見ることのできるものから、意識すると同時に、頭の中で組み立てることからも、空間を理解することができるからである。そういう能力を基礎にして、三次元の立体的空間がつくりだされてきたし、つくりだされつつある。

〈床は、空間を限定する〉ということから導かれた同一機能による同一空間は同一床でという原則は、京都国際会議場の設計において忠実に適用し、代表団関係階、傍聴関係階、報道関係階、あるいは管理関係階等と、あくまで同一床での解決ということで、原則をくずさないことにしたわけである。そして、それらの階は、内部よりもまた外部よりもすぐわかるような構成の形態として、提案したものである。しかし、建築が自然環境の中で、独立しうる規模であったので、空間をほとんど視覚的にとらえうる構成にできたわけだが、つねにそうだということはできない。むしろ都市環境の中に建築が埋没するような場合の方が今日ではかえって多い。

社会的環境においては、内部に働く人間の立体的三次元理解の能力にどうしてもたよらざるを得ないわけである。そうなった場合、何の手がかりもなしに、立体的な空間をつねに把握しうるかといえば、それは無理である。どうしてもサインが必要となろう。

サインによって位置を知り、方向を確認し、立体を組み立てるということになってくる。とすれば〈床は空間を限定する〉ということに対して、サインを識別し、立体を組み立てる現代人にとって、〈サインは生活を組織する〉という、もう一つの命題が出てくることになるだろう。この二つの命題はすべてに矛盾しあうものかといえば、そうではなさそうである。サインの中に、床がきわめて大きな比重で包含されるからである。しかし、根本的な相違もあるように思われる。それは床が実在するものであることに対して、サインは意識を組織づけるのに役立つが、しかし、実在そのものではないからである。

つまり前者が空間にかかわり、空間を限定するのに対して、後者は生活に関係して生活を組織づけるものということができよう。ここで空間論・計画論でいわれる平面と、床との関係をとりあげてみると、よりよく理解できそうに思う。

平面と床との相違を端的にいうなら、アプローチの段階が違うということであって、素朴な言いかたをすれば、平面は床の問題をすでに前提としているという点にあろう。しかし平面を広義にとらえて床を含んでいうとすれば、空間機能と生活機能という二つの機能に対応するものとして、そのなかで区別することができるように思われる。

ここで空間機能と生活機能という機能を二つに区別した言いかたをしたわけであるが（近代建築1964年7月号機能についてのノート（菊竹）参照）、ここで要約すれば、空間機能とは空間そのもの独自の機能ということで、そういう機能を、空間はもっと考えたわけである。

これに対して、人間生活の機能を対置させることによって、メタボリックな建築における不変と変化を問題にしようとしてきているわけであるが、同時に、これまでの機能論での建築の追求が、生活機能に偏重していることに対して、空間機能からのアプローチもつけ加えて、より完全なものにしたいということもそこでの考えであった。

つまり床は空間機能に対応するものであり、空間機能を実体化する一つの要素であり、サインは生活機能に対応してつくりだされるものであると言えそうである。

H・Pシェルの住宅、カテナリーの体育館における屋根ないし天井の高まりが示す高まりに沿って人が流れ、集まるという機能は、京都国際会議場のホッパー型の凹みに集まるという機能と同様、あくまで空間独自の機能であって、生活機能としての国際会議であろうと国内会議であろうと、とにかく人が集まって討議するという機能がなくならない限り、この空間は存在してゆくと思われる基本的空間（これが建築の中心となる課題）を求めようとしたものであるが、そのとき問題となったのが、この空間機能である。本来、人が集まってコミュニケートするような空間は、音や光の条件から決定するべきものではない。

まず視覚的に集まったことを確認しあえるような一体感をもった広がりでなければならないだろう。空間機能の問題については、改めて別の機会に問題にしたいと思うが、その重要な因子の一つは床であろう、としたわけである。

しかし空間機能を問題にしない場合でも、サインさえ十分であれば、生活機能は少なくとも満たすことができる。満たされるというより、むしろそう仕向けられるといった方が正しいかもしれない。等質の空間を区切ったり、廊下をつけたりして、人の集まるところ、よどむところ、休むところをつくりだすことはできないことではない。もし、空気量が不足すれば、ダクトで送りこめばよいし、光が足りなければ照明すればよい。音がうるさければ遮音し吸音すればよい。どういう問題も、不可能ではないという現状である。

とくに生活機能に対応するサインが質・量共に豊富であればあるだけ、空間機能を意識することなしに、すべてが済ませられよう。だからユニバーサル・スペースの最も重大な問題点は、この生活機能だけを強調して空間機能を同時に取り上げようとしないところにあると、わたくしには思われるのである。つまり、ここには生活機能を示すサインだけしかないことになって、サインが変われば、それは劇場になり、住宅になり、オフィスになるかもしれない。サインによって人びとは、空間がどう組織されているかを判断し、理解し、サインによってのみ誘導されるのである。

ここで、サインといっているのは、こういう空間を組織するためのものであって、仕切り、標示、信号等である。

平面の構成方法として結合連続させるアプローチと、区分分割するアプローチの二つがあるということが言われているが、区分分割は、どちらかといえば、サインによる空間の組織化とみることができよう。

空間の組織化のためのサインは、非常に幅広く展開されてきており、今日ではそういう中から選択して、あらゆる生活機能に応じて、自由に駆使することができる状況であり、豊富なサインは、生活機能を満たすのに、なんの支障も感じないほどである。しかし、サインが豊富にそろうことは空間機能を軽視する傾向を生み、外部からその建物がよく観察できるような建物の場合でも、サインにたよろうとする結果を生ずるに違いない。

内部にはいって、はじめてどう組織され、なんに使われているかが指示されるような建物が多くなり、やがて、そういうサインだけの建物の方がいいのだということになるかもしれない。ショッピングセンターを教会のように設計してはならないといった機能主義は、生活機能を追求してゆくことによって、住宅とオフィスを全く同じような外観にしてしまうことも十分可能にみえる。たとえばミースのプロモントリとシーグラムの外観のどこが変わっているというのであろうか。しかし、人びとは、生活機能をそこなわれているとは考えてもみない。十分なサインが生活機能をみだすことなく、満たし、支持しているからである。

そういうサインを生活装置というなら、生活機能は豊富な生活装置によって、完全に充足されているということができよう。つねにいわれているように、生活機能は変化するものである。新生し、成長し、更新し、退化する。したがって、生活装置もまた、生活機能とともに変化することを運命づけられているということになる。言い換えれば、生活機能に基礎づけられた空間の組織は、生活装置によって更新され、変化してゆくのである。生活装置は豊富なだけでなく、更新と制御を条件とし、より容易にするように開発されていかねばならないであろう。しかし、変化は空間組織のすべてに起こるものであろうか。

わたくしには、そうは思われない。工場の一部分を切り離して移築するとか、住宅にある部分をつけ加えるというようなことがあって、必ずしも空間組織が完全な統一体をつくりだしているとは、言いえないであろう。しかし、少なくともその中心となる空間組織は必ずあり、それは変わらないものであり、残るものと、わたくしには思われてならない。ある人間の部分を人工の義手・義足といったものでおきかえてゆくと仮定すると、必ず、もうこれ以上交替しえない最後の組織にぶつかる。基本的組織というものは、必ずある。これを取りかえれば、もうその人間とは言えなくなる。そういう基本的組織はかなり共通にある。空間の基本的組織は、そう多くはないが、いくつかの類型で必ずあるであろう。京都国際会議場でいえば、それは人が集まって話しあうという類型の基本的組織のように思われる。そういう空間の基本的組織は、あくまで空間そのもので示されねばならないと、わたくしは考える。そして、空間機能と生活機能は、ここではじめて対立的に統一され融合することができるのではないかと思う。

そこに、空間の∧起伏性∨と∧重層性∨の問題も出てくるように思う。

重層することによって、上階と下階の二つの機能が対立するし、起伏することによって、低まりと高まりの相互の関係が、二つの機能と関連しあいながら出てくるのである。これは、サインをこえた床の問題としてであり、また床を含めたサインそのものの問題としてでもあろう。現実に、どういうところにこういう問題がでているかといえば、その一つは屋上の取扱いにおいて見られる、起伏の処理ではなかろうか。会議場という下階の条件でもり上がった屋上の床は、上階でしばしば野外観客席として設計されるという例があるが、これは床の起伏の一種と考えてよいだろう。

こういう起伏は、まだいろいろ考えられる。まくれ上がった床、めりこんでゆく床、ふくらみとへこみ、あるいはねじれた床といった具合に、いろいろの形態が考えられる。しかし、共通して言えることは、床が起伏をもつとき、そこにはすでに生活機能のみではなしに、空間が同時に問題として出てきているのであって、二つの機能を問題にしないかぎり、屋上の処理は、現実から遊離し、空虚なものとなってしまうことは、避けられないように思う。

二つの機能の問題とは、はからずも出てきたところの、下階において、主となった生活機能と、上階での主となった空間機能の双方においてである。これが重層の場合には、一層複雑な問題となって出てくるように思われる。上階と下階との関係は、つぎつぎに上層へ、あるいは下層へと波及してゆき、上から下へ、また下から上へという序列を生みださずにはおかないであろう。

スカイスクレーパーは、エレベーター技術によって実体化されたが、エレベーターによって、上下の序列は、一直線の垂直型となり、同時に、ニューヨークの都市空間の組織を、垂直のエレベーターと水平の自動車で特徴づけ、基礎づけることになったことを、見のがすことはできない。もし、空間のより自由な構造と組織を人間が望み、現代が要求するのなら、そういう重層を実体化する、通信・交通の技術・手段のもっとも幅広い強力な立体的都市の骨格のような開発が、今後必要となってくるのではなかろうか。

床のつくりだす終局的効果は視覚的同一感であり、一体感である。そして、サインのそれは組織の理解であり、感覚的行動の刺激であろう。空間を問題にすることで床が問題になり、そして、床から再び空間の問題にかえってきた。決して結論が導かれたとは思っていないが、かくしてわれわれは、フラットスラブそしてボイドスラブを、より自由な床として、つくりだし、「床は空間を限定する」という仮定をこうした実体によってつくり出そうとしている。

素材論（コンクリート）

コンクリートというものについて、これをどう考え、コンクリートから何を引き出そうとしているかというのが建築家への質問である。この質問に対して私の考えをまとめてみた。したがってこれはコンクリートについての一般論ではない。単なる理解や常識でもなく建築・都市の設計という実践の場でコンクリートをいかに位置づけ、そしてコンクリートをとおして設計をどのように高揚しようとしているか、そうした設計の方法論にたった素材論でなければ意味がないという考えに基づいたコンクリート論であり回答である。私はここでコンクリートを環境素材だとしているが、おそらくいろいろの考え方がほかに成り立つだろうと思われる。そうした考えかたはそれぞれ建築の設計において深く関連しあい、そこにそれぞれの具体的成果をつくり出すものであるに違いない。

私が言いたいことはコンクリートについてどう考えるかは、つきつめると現代建築をどう考え実践するかに通じるものでなければならないということである。それは問題があらゆる設計の過程で、素材をいかに選びとるかという形で必ず問題にされねばならない問題であり、この問題をどう考えるかによって設計の進路が決定されてくるからである。この問題を避けて通ることはできない。

　ましてコンクリートのような基本的素材に対しては、それだけ深刻な問いを、われわれに投げかけてくる。そこでは素材の技術的性能とか素材選択の方法といった問題よりさらに本質的問題に容易に発展することになる。現代建築にとって、はたしてコンクリートという素材は、どのような意味をもつものか、まことに興味深い。そこでわたしは建築家として、コンクリートという素材を中心にして、①素材主義　②万能素材　③環境素材という三つの観点から、回答というより考えを展開してみることにしたい。

機能主義的素材主義

　素材というと、すぐ仕上げとしての素材が問題にされるが、コンクリートはコンクリートらしく、木材は木材そのまま表現するといった仕上げの問題は、構造体とか軀体の素材をどうするかということと無縁のものであろうか。仕上げと構造というものは、分けて考えることのできるものなのであろうか、という疑問につき当たる。

　この問題を明確にしないと、コンクリートという素材のもつ問題もクリアに出てこない。仕上げというものを認めると、木材は木材らしく、コンクリートはコンクリートらしくという立場は無くなってしまう。

素材という場合（材料ではない）には、もともと仕上げをとくに認めない立場なのである。したがって一般的になぜコンクリートが仕上材としての正当な位置を与えられていないか、とか、外部仕上げではコンクリートの打放しが多くなってきたが、内部仕上げには、まだ少ない、などといったコンクリートの理解は、正しくなさそうである。そこではなぜコンクリートを使ったかが忘れられている。これを木造の建築で考えてみると、木材に仕上げをするかどうか、あるいは外部と内部に分けて考えるとか、ということ自身、きわめて不自然であることがわかる。あらゆる部分にコンクリートを、これほど使っているにもかかわらず、コンクリートという素材を正当に評価しようとしていないところに問題がある。

しかしこうした偏見があるとすれば、そして根強く今日にまで及んでいることには、もっと別な理由があるに違いない。むしろ仕上げと構造を分離して考えることの方が合理的だとするなんらかの理由である。わたくしはそれを機能主義思想ではないかと考える。機能的に対象を分化して、それぞれにもっともふさわしい材料・仕上げを与えていくという、目的に適合する選択の方法論である。

木材にふさわしい部分に木材を、コンクリートにふさわしい部分にコンクリートをである。そこには当然コンクリートはコンクリートらしくという表現についての素材主義の原則も自然に生まれてくる。このような素材主義の原則は、現代建築の主張のなかのひとつの重要な要素となってきたものである。

しかし別の角度からこれを見ると、それは適材適所主義であろう。一見合理的のように見える適材適所主義は、便宜主義であり、御都合主義になりかねない。これは折衷主義の建築の時代にはつねに正当な顔をして横行する主張である。全体を部分に分けるところに、まず問題がある。どのような部分に分化して考えるのが、望ましいのかということに対して、この方法は無力である。ましてなぜ分けるのがいいかには答えることができない。

しかし分けた後の正当化には、分化の根本にさかのぼるのを許さないほどの力がある。そしてつぎに分化した部分と部分を、いかに結びつけるかである。結び合わせることはできても、結びつけてどうそれを全体とするかの問題である。コンクリートと木材は、コーキング材を媒介にするというだけで全体に転化しうるものであろうか。

コンクリートと木材は、接着剤で本当に一体とこれを見なしてよいのであろうか。

一方鉄筋コンクリートは、かなり一体と考えてよいように思われるが、それはなぜなのか。

鉄骨に耐火被覆としてコンクリートが加わると、何か一体感が著しく阻害される。これはどうしてなのか。

こうした問題は、的確に答えられねばならないはずである。にもかかわらず、機能主義に基づくかぎり素材決定に際しての有効な方法は得られない。ただ決定後には、木材は木材らしく存在させるという点できわめて有力に設計を導く力があるといえよう。いわゆるこれが機能主義による素材主義である。

全体を部分に分けようとする場合、部分に分けることで、その部分に限って、より最適な材料が発見できるという見とおしがそこにあらかじめ必要である。また部分と部分を結合するとき、そこに部分をこえた全体が生まれるという洞察があってのことでなければ意味がない。

建築の設計で、〈かた〉の段階が形式化し、事務的にすすむ場合、意味なく分化された部分が、全体への高まりなく連続するという結果を生む、それは当然機能的混乱と考えられるものであり、カオスそのものだといってもよいであろう。

機能主義にもとづく材料の決定は、かくして厳密にしたがったにしても、そこになんらの全体としての秩序ももたらさないということを明らかにしてくれる。素材主義がかえって、秩序をよりよく見失うという効果を上げているかにさえ見える。都市における多数の機能主義建築が、都市空間としてこれを見るときカオスとして現象しつつあることはこの実証である。

素材選択に必要なことは、単なる技術的実証主義ではない。またオプティマムメソッドだけでよいというものでもない。究極的に素材に対して問いかける存在に対する意志であって、そうでなければ素材を素材たらしめているものの発見がない。自己発見もない。そうでないと、素材によりかかり、たよりすぎ、素材にまけ、自己喪失してしまうだけである。

万能素材はありうるか

P／A特集のなかに「多くの建築家は、軽量で、水を通さず、成形しやすく、塑性変形せず、簡単に取り扱え、自動的に法規で承認されるような材料を望んでいる」と述べている。はたしてそういう無限の自由を保証するような材料を建築家は望んでいるのであろうか。なぜなら軽量であるということは音の問題、とくに遮音に必要な重量と矛盾する。簡単につくれるものはまた簡単に破壊されてしまい、耐久性と矛盾する。すなわちそういう要求は相互に矛盾したものを含んでいる。したがって基本的にそんな材料を期待することはできないはずである。また仮りに素材が無限の自由を保証するとき、建築は素材の制約から解放されてはたして自由になれるであろうか。

自由につくれるということは、素材が消えることを意味する。素材の存在を主張させることも、素材によって芸術を生みだすことも、素材によって自己主張することもそこではできないことになり、素材と空間との関係とつながりは消えてしまう。

素材は何も語らない。灰のようなものになってしまい、無の世界に至るのではないか。だからここで自由な素材を期待すると述べているのは、機能分化する素材に対してこれを統一的に認識しようとする要求ではないか。そうみた方がむしろ正確であろう。これをわたしは万能素材と言いたい。これは一つの素材によってあらゆる機能を充足しようとする考えかたである。

歴史的にみる場合、万能素材が出現した時代がある。ヨーロッパにみられる石の時代がそれであり、日本における木の時代がそれに当たるであろう。しかしそこではいずれも万能素材として石をとらえ、木を見たに過ぎない。それぞれの素材が無限の自由をもっていたのではなかった。その素材に万能を語らせただけなのである。しかし素材の技術的可能性を、あらゆる領域、あらゆる部分に徹底して展開したというだけではなかったか。

万能素材によって、偉大な秩序が完成したのである。万能素材は、建築をとおして、人間環境に秩序をもたらしたのであった。われわれが万能素材を考える場合、人間環境の究極的基盤となり、秩序をつくり出した事実を抜きにすることはできないであろう。いまコンクリートを考えるとき、はたしてこの素材が、現代の万能素材になりうるものであろうか、に思いをめぐらさずにはおられない。オーギュスト・ペレーのランシーの教会堂では、屋根・柱・床・外壁のガラスを埋め込んだブロック、聖壇の棚、テーブルまで、すべてがコンクリートによってつくりだされている。ペレーはコンクリートを徹底的に建築に使用した最初の建築家ではないかと思うのである。ル・コルビュジエのマルセイユのユニテにも、コンクリートは、その限界を知らないまでに展開されている。

街路照明・歩道・ベンチに始まり、屋上庭園の築山に至るまで、すべてコンクリートである。ここではスチールの手摺が使われていても、それはあくまでコンクリートの補助であり、主役はコンクリートであることに変わりはない。他の素材は、ほんの補助的、付属的に使用されているに過ぎない。ここではコンクリートが、そこに適する素材であるかどうかをこえて、明らかにコンクリートをして、すべてを語らせるという強い意志が働いていると見るべきであろう。

これを単なる素材に対する興味とか、特定の建築家の素材に対する趣向として片づけることはできないのではないか。ル・コルビュジエは、現代の万能素材をコンクリートに絞ることで、コンクリートのつくり出す環境の秩序を手に入れたのではなかったか。むしろコンクリートを環境素材として発見したからこそ、それが彼をして、あくなきコンクリートへの執着にかりたてたのではないかと考えたい。

したがってル・コルビュジエの時代を、コンクリートの出現する時代とし、その理由として産業社会の発達、素材の技術的可能性、素材の感触等から裏付けようとするのも、ひとつのコルビュジエへのアプローチであろうが、わたくしには、環境素材としてコンクリートをいかに発見していくか、そしてそこに建築家としての環境デザインに対する認識とその成熟をあわせてみていくことに関心があるのである。

日本における木造建築の発達も、建築個々の歴史的意味をとおして、社会全体が、環境素材としての木材をいかにとりこみながら、そこに秩序をつくり出し発見していくかという発展のプロセスとして見ていくことができると考える。ここでは社会が自己環境を創造する過程がわかるばかりでなく、そのゆえにきわめてすぐれた環境素材としての木材に見いだしえたし、質の高い秩序をそこにつくりだしえた多くの教訓がひそんでいるに違いない。それは木材にとっての最大の難点である火災と腐敗に対してさえ、建替え、交替といった代謝のシステムを導入することで、きわめてすぐれた解決が、ついにそこに得られているというひとつの事実からみても明らかである。

万能素材とは言い換えれば人間が物質(素材)に対して、それを人間化する意志によって発見的に創造するものである。そうして、はじめてそこには全体としての環境の秩序が結果として約束されると言える。

われわれの環境素材は何か

コンクリートが現代において、はたしてこういう意味での万能素材であり、その可能性を引き出せるものなのであろうか。またその結果、われわれの環境がコンクリートによって秩序づけられうるものであるかどうか。

われわれは近い将来新しい科学技術の成果によって新しい素材を、人工的につくりだし、それに環境をすべてまかせてしまえるような時代が来るであろうか。

素材開発に対するこのような期待は、事実きわめて大きい鉄・ガラス・コンクリートで出発して以来、現代建築はまだこれに代わるような素材の出現をみていないが、プラスチックやガラスが技術的可能性を大きく残しているので、コンクリートに代わるものとして考えられる日がそう遠くないことを予想させる。しかし今日重要なことは環境素材をどこまで徹底的に考えうるかということであろう。そしてそれはやはり主要なこの問題の素材として考えた場合おのずから限られてくる。コンクリートが環境素材として重要な意味をもっていることをわたしは予感するのである。とくに定住社会における建築という前提に立てば、環境素材は少なくともその地域社会のパーソナリティを表現するものでなければならない。

そのためには素材は、自然に近い第二の自然の素材としての条件を備えることが必要であって、現場打ちコンクリートほど、適切な材料は他に見当たらないであろう。コンクリートに混入される砂・砂利・石材が現地のものであれば、それだけ地域との結びつきが強く感ぜられるように思われる。タリアセンのライトのコンクリートや、日本の土壁がその例である。これは一方で現代の産業社会という側面からいって工業製品との対立する関係がつくり出されることを意味する。

現代建築の基本的あり方が地域社会との関係をいかにとらえ、産業社会とのつながりをいかにとらえて今後進展するか。この問題を建築家としてどう考えるかは、根本問題である。そしてそこに少なくとも環境素材を通してつくり出す空間が、今日の建築家の最後の砦であることは明らかである。

それは現実に、コンクリートをいかに認識するかの問題として提出されているとみることができる。建築とは社会進化のための装置である。このうえで現代建築をいかなる装置とするか。独占資本に奉仕する装置とするか、地域社会の装置とみるかによって、環境素材選択が変わってくるであろう。われわれは建築を環境の装置である、と考えている。建築のつくりだす環境は、三つの装置、生活・設備・空間の各装置によって組織されているとする。このなかで空間装置がもっとも主要な環境の基盤をなす総合的なものであるから、万能素材の問題は主として空間装置の秩序および独自性の問題ということになる。

空間装置をコンクリートでつくろうとする考えは、かなり前から次第に固まってきたものであるが、その具体的内容は少しずつ変化してきている。いまこれを作品でふりかえってみると、それは一九五八年スカイハウスで、柱としてのコンクリートをどう考えるかから出発する。

水平力負担というわが国独自の特殊性を壁柱という方法で解決しようとした。

壁柱は一方からみると細く、他方からみると巾広く見える。軸力だけに耐える強さの表現と水平力に耐える表現を二つの軸に分解することで、一般のコンクリート柱のもつ、ぜい肉のような視覚的な鈍重さから解放しようとしたのである。壁柱はしかしあくまで、壁的なものから抜けられない。それを解決するには、東光園に示されたような組合せ柱(主材と貫柱を貫で結ぶ)が表現するような力の、明確な視覚化を、コンクリートに要求することになる。柱を考えるということは、そして柱のささえるスラブおよび梁を考えるということに進む。都城市民会館においては、明らかにわれわれは空間装置となるこの建築の基盤を、すべてコンクリートでつくろうという意図が計画に際してあった。そしてそれは現場打ちコンクリートでなければならないとしたのである。こうした考えは、さらに久留米市民会館(着工・戸田建設)に引きつがれて、もっと徹底して追求しようという現在の段階に至っている。そこではこれまで拒否してきた壁としてのコンクリートに、正面からアプローチしようとしているともいえるであろう。これまで壁は力の流れを曖昧《あいまい》にしてしまうと考えてきた。床のように空間を限定するのではなく、空間のひろがりをすぼめて終わりにしてしまい、つながりを切断して、内と外との関係を対立的存在に変えてしまうものだ。そういう壁は世界を変えてしまうともいえる。壁にはその力がある。構造的力の流れをこえて、環境そのものを壁がねじふせてしまう。

技術の合理的解決では、この力はコントロールしえないものである。

何か別の環境の秩序をつくりだす有効なコントロールの方法がみつからない限り、壁を考えることは、少なくとも危険だったわけである。われわれは設計で壁を拒否しつづけてきた。

われわれはいま、チャンネルという概念をもっている。都市空間を問題にすることによって得たチャンネルを建築に導入することで、そこに新しい秩序へのひとつの希望が開けてきたかに思われるのである。これが壁を計画に繰り込むことを肯定しようという一つの理由となってきたことを感じる。少なくとも現場打ちのコンクリートによる壁の建築をわれわれの方法論は、暗示してくれている。われわれはここで壁に正面からとりくみたい。この結果がどのようなものになるか、まだ判っていない。

しかし環境素材としてのコンクリートへの意識は、この壁の建築をデザインすることで、一層強まってきたといってよいだろう。

一方、われわれが、島根県立美術館、出雲大社庁の舎、京都国際会議場等ですすめてきたプレキャストコンクリートおよびプレストレストコンクリート部材の組立工法という考えは、以上のようなコンクリートに対する考えと矛盾するものではない。空間装置のなかの副次的要素は、今後も経済合理性の追求の過程で、さらに工業化の方向を強めていくであろう。しかしそれだけ基本的環境をつくりだす空間装置はあたかも基礎のように、その地点にふさわしい、その建築独自のものとして、コンクリートを中心にして強く意識されていくことになるように思われる。そしてそのなかで、環境素材に対するわれわれの認識は実践を通じて深まっていくものであろう。同時にこれは次の新しい環境素材へのもっともすぐれた準備となり、選びだし、発見していくときに真に役立つものとなるのである。われわれの時代にはたして秩序ある環境が獲得できるかどうか、いうことができない。しかしそれを実現するためには、素材のこのような認識—環境素材の認識—がその一つの基盤となることは明らかである。地域社会と産業社会の対立的矛盾のうえに、建築は第二の自然としての環境装置として築いていかなければならない。

来たるべき秩序ある環境、この人工の自然とも呼ぶべき環境を環境素材の認識によって人間的環境としなければならない。その実現には、物質をして、環境素材と化せしめねばならないのである。

環境のあくなき、人間化である。大衆社会化である。

色彩論

色彩の意味

建築における色彩の意味というテーマを、与えられたが、このテーマはいいかえれば、建築における色彩の問題と、その効果ということになるように思う。

ところで、わたくし自身この問題には大いに興味があって、なん年かまえだったか、「建築の色彩計画」という講義があったとき、大いに期待してききにいったことを覚えているが、実はあまり収獲はなかった。

これは色彩計画の講演の内容が面白くなかったということではなくて、色彩ということの示す範囲というか限界が、想像以上に広くて、勝手な境界を、それぞれいい加減にひいているというところに、その原因があるように、そのとき思った。一緒にききにいった連中も、それぞれ不満足だったらしいが、やはり色彩の意味ということを問題するに当たって、実は全く雲をつかむような、一種の当惑を、わたくしは改めて感じるのである。たとえば、建築の色彩論といいながら、建築それ自体ではなしに、建築の部分における色彩を問題にしている場合が、意外に多いことである。もちろん、建築そのものとしての空間と、色彩が直接的に結びつかないように見えることは確かである。やはり色を塗る場合には、壁とか天井とか床といったもので、空間そのものではない。

しかし、だからといって建築の本質としての空間をぬきにしておいて、部分で色彩を語るのは、やはり問題の核心がそれてしまいがちなことは明らかである。とくに建築における、という前置きがあるところは、そういうことを問題にして欲しいという意向ではないかと思う。

前置きがだいぶ長くなったが、ここでは、そういう意味で建築空間と色彩の問題について考えてみたいと思う。

光の量

われわれは、光の全くない空間では、空間すら知覚できない。逆ないいかたをすれば、闇に無限の空間を感じるのである。

しかし、その空間がどういうものか認識することはできない。ところが一条の光がそこに射しこむと、ただちに距離、大きさ、色彩というものを感じとることができる。建築の空間もそこではじめて知覚されるのである。この場合、その光の量によって、認識に差が出てくる。ごくわずかの量では、形体の輪郭やばく然とした空間の規模だけがわかるにすぎない。暗いお茶室では、作法にしたがって行動しているだけで、決して空間を認識し、意識的に動作を決定するということをしていない場合が多い。そういうときの空間の色は、あいまいで、着ているものも後で思い出せない。少ない光の量でも効果的な投射の方法がある。ゴシック寺院のバラ窓は、そのもっとも印象的なシンボルであろう。光の投げこまれる口が正面にあって、鮮やかで、その代わり全体はうすぼんやりしている。バラ窓で濾化された多彩な光によって、豪華な色彩の空間を想像させられるが、空間そのものは灰色で暗く、ローソクの光が浮きたって見えるくらいである。ル・コルビュジエのロンシャンの教会は、とぼしい光を、いかに効果的に空間に入れるかという計算で成功した実例であろう。しかし近代社会は、建築のそういう壁を打ち破った。建築の閉鎖的空間の存在にたいして、否定的に作用しつつある。

社会と個人との関係は、経済的にも、政治的にも、社会的にも、開放的な対応関係がつくり出されてきており、この変化は、当然建築の空間に微妙な反映を与えている。

光をふんだんに入れる開放的空間の例としては、ミースのファンス・ワース邸や、フィリップ・ジョンソンの自邸があり、これらは、多くの日本の住宅あるいはそれ以上に開放的で、全面がガラスで周囲にたいして開いている。ここでは対照的にきわめて微妙な色彩の影響と変化を感じさせずにはおかない。

ミースの例では、しぶいオール・ミルキーホワイトの建物のために、周囲のこんもりと茂った樹木によって、夏は緑に、そして秋には黄色味を帯びて見える。ジョンソンは、そういうことを意識して、建物に白と黒しか与えなかった。とくに緑という色にたいしては、自然の緑にまさるものはないと潔癖なまでに使おうとしないのである。

閉鎖的空間では、色彩が見わけにくく、開放的空間では、色彩が際だちすぎる。とすれば建築における色彩は、どのようにセーブされ、生かされてきているか。むしろ一般的にいって、禁欲的といえるだろうか。そうはいえない住吉や宮島に見られるような朱塗りの空間や、日光の黒塗り、金閣の金色など、また、けんらんたる大理石模様の教会や、ガウディの作品に見られるような奔放な極彩色的空間の系列が、一方にあるのである。こういう極彩色の空間の問題についての詳論はあらためて述べることにして、ここでは日本の伝統として考えられる素材の色について述べることにしよう。

ナチュラル・カラー

住吉神社について、わたくしは、まえにその朱塗りを海神にたいする魔除けとして説明しているが、わが国において塗料の技術が伝来し、青、白、朱、など大いに極彩色を誇った時代がある。しかし耐久力を考えたときには、なんといっても、そのもの自体のもつ色が、もっとも安定していて強靱であることはたしかである。コンクリート、土の色であるじゅらく壁、ワラの色そのままのワラ葺屋根、木材の柱、焼物としての瓦、スチール、アルミ、ブロンズ等、いずれも建築によく使われてきている素材であるが、これに高分子化合物の材料が、今後加わってこようとしている。

問題は、これらを使用した空間の色彩についてである。

これまでは少なくとも、素材そのもののもつ色を頼りにできたし、ナチュラル・カラーで貫くという色彩計画の態度がかろうじて保てたのである。しかし、現実には色素の進歩で安定して、丈夫な塗料の被膜も、素材そのものと同じぐらいに、信頼度が高まってきているし、雨に当たるとか熱をうけるという特定の場所では、かえって強いものもできているが、いずれにしても高分子化合物の急速な開発は、素材主義の立場を正面から突きくずすことになりかねない。あるものは金属の光沢をもち、ガラスの透明度をもち、また木材の感触をもつものがあり、革のようにしなやかなものまである。

いまはまだ開発の初期なので、もっぱら木や石などといった既成のものに似せて、これらのものが、つくりだされているので、イミテーションにたいして、どういう態度が必要かという段階であるが、それだけでも、素材主義は大きな変革を余儀なくさせられた。大体、自然の素材が、人工の素材よりすぐれたものであったのは戦前までのことで、戦後は人工の素材のほうが、すぐれたものであるという認識のほうが正しくなってきた。ナイロンはその代表的なほんの一つの例にすぎない。この変化は要するに、素材で構成すれば、問題はないという素材に依存した立場を改めて、一体、人間の空間をどういう色彩（素材）にしたらいいのかという人間を中心においた色彩論におきかえたことであろう。

ただここで、素材主義の色彩において、今後もさらに発展させていく必要のある問題がある。それは色彩の相互変化である。素材はしだいに褪色し、変化し、はじめの色が年月とともに変わっていく。その場合、素材同士の色の変化には、変化の過程においても、調和があったということについてである。

このもっともいい例は、日本家屋における内外の空間の時代的色彩の変化にきわめて明らかに見ることができる。そのために、人は年月の過ぎた家を、時代がついた家といって賞嘆するのである。変化の過程では、その速度に空間の条件で遅速が生じる。閉鎖的空間から開放的な空間になるほど速い。正倉院の宝物が、よく保存されたのは、全く閉鎖的であったからこそであって、問題は近代の開放的空間が、変化の早い空間に属するということにある。

光の制御

透明な空間

開放的空間とは、透明な空間ということであるといってよいだろう。透明な空間を求め、実現してきたわけである。ではなぜ、近代建築が、人間の空間として透明になってきたか、これは興味のある問題であり、まずこれを解き明かす必要がある。

文明批評家は、開放社会の問題をあげて、これを説明しようとするだろう。構造家は、建築構造において壁の果たす役割は、解消したということから述べようとするだろう。また設備家は、建築の内部の気候環境達成と外部条件のコントロールから、これをいうことだろう。各専門家は、それぞれの立場から「透明な空間」がつくられたことを説明するにちがいない。それぞれの立場には、それぞれの理由があって、その結果、時代とともに透明になってきたことを証明しようとするのである。しかし、それがすべてではない。透明な空間をつくる、素材としてのガラスという実体がなかったら、われわれは透明な空間をつくり出しえなかったのである。

近代建築を達成させた三つの素材（鉄、コンクリート、ガラス）の中に上げられているのも、この理由からである。ただ、わたくしが注意したいのは、ガラスが近代をつくったのではなく、ガラスを生みだした技術が媒介して、近代をささえたという認識である。われわれには、ガラスを時代主義的に扱うこともできるし、形式的に使うということもできる。また透明な空間を、全く意識しないで取り上げることも多いのである。しかし、そういう場合でも、光の透過にたいしては、透明な材料ということで選択してきている。このことは、光の量を決定していることに、ほかならない。そこで、透明な空間とは、この光の量が、自然となんら変わりなく多量であるということになる。

人間にとって、自然と同じ光の量、光の変化が望ましいものであるなら、ガラスは透明さを誇示してよいだろう。しかし、人間の目は、一〇万ルックス以上もある天然光線下では、つかれてしまう。自然光の中に含まれている紫外線は、限度をこすと、皮膚を侵す。われわれは、どうしても自然そのものの光の中では、快適な生活をすることはむずかしい。したがって、ガラスが簡単に近代建築空間を獲得したというふうには、いいきれない。人間生活を圧迫する、ガラスの現実の一面もあわせて、われわれは正しく認識する必要がある。

そのためには、直射光があたれば、濾過調節して、透過するものであり、ものを見たければ、透明にもどるというような、光に機能的に適応するガラス(紫外線吸収ガラス・熱線吸収ガラス等)を要求する必要がある。もしガラスにその要求が満たされないときには、別の素材、別の機構によって、近代人の生活の要求を満たさなければならないだろう。そのとき、ただ単に透明だけの一部の要素しかガラスがうけもたないとすれば、われわれは、ガラスをなぜ近代建築の素材として特筆したか、わからなくなってしまうことにもなってくる。

循環する材料

しかしガラスには、まだまだ期待をかけておいてよさそうである。それはガラスにたいして、これをメタボリックな材料としての性格をもっている素材の一つとして、わたくしは考えるからである。メタボリズムで「循環する素材」ということをいっているが、ガラスはこわれたら溶融し成形して何度でも人間生活に役立てることができる。つまりこういう素材を循環する素材というのである。さてメタボリズムは、人間生活に対応して変化する空間ということを主張する。その中に「とりかえ」という問題をとりあげているが、これを透明な空間における色彩の問題でいえば、色彩を生活の要求に応じて、とりかえながら満たしていこうということになる。

透明な空間を近代は獲得した。しかし透明ということが、空間から色彩を一切追放したということでも、追放しようとすることでもない。人間生活の現実において、色彩は各種の心理的効果を果たしている。たとえば洋服や、家具、カーテンの場合、色彩にも問題はあるとしても、色彩ぬきのこれらのものを想像することさえ、むずかしいほどで、要求を満たすために、多種多様の色彩が駆使されていることはよく知られている。

透明な空間は、色彩を決して拒否するものではない。ただ永久不変の色、永久不変の位置におきたくはないということになろう。夕焼の空に対応して空間はより赤く染められ、新緑の季節には、さらにいっそうレモン・イエローで新鮮さが強調されるというふうに、人間生活の生の喜びをともにたたえるような色彩の変化と効果を、むしろそこに期待するのである。無色透明な空間だけが、それを期待できるのである。

動的色彩計画

わたくしは「透明な空間」は、固定した色彩計画ではなしに、動的な、変化する色彩計画を要求するのではないかと思う。主人公が怒ると、その部屋まで怒ったように赤くなるというのはSF雑誌にでてきそうな話だが、たとえば、灰色の背景を光によって自由な色にかえることは、決して劇場舞台だけの問題ではなく、いまや現代の空間の問題となってきているように思う。つまり生活の要求にしたがって、変化させる色彩計画だとすれば、それはマンセル記号で出した固有の色をもったものの、レイアウトにとどまらず、とりかえという考えかたや、光に基づく変化、環境の変化を計算に入れた方法を含んで考えるべきものである。

色彩計画のコントロール

ペレーのランシーの教会堂は黄色の入口から赤い祭壇に変化した色ガラスで構成されたプレキャスト・コンクリートの有名な建築であるが、ここでは、太陽の位置による微妙な、わずかの変化がつくりだされている。われわれの時代は、さらにもっと動的要求を満たす必要があるように思う。

結婚式のときには、楽しいバラ色になり、葬式のときには悲しい青灰色になり、そしてなんでもないときには透明であってほしいのである。そこで問題は、変化する動的計画においては、いつどう変化させないかというコントロールの問題が重要になってくる。色彩計画をメタボリックに行なおうとするとき、はじめて調節という問題が出てくるし、調節が問題になり、時間が問題になるような色彩計画でなければ、現代の色彩計画とはいいがたい。

では、はたしてそういう構想に適合するような技術、素材があるかといえば、原則的には、まだきわめて不十分な状況であるといえよう。二、三の例外はないことはない。

太陽が輝くと、曇りガラスになり、かげってくると、自然に透明になるようなガラスの開発とか、気温の変化に対応して、色が変化するとか、あるいは、見る角度によって異なる輝度をもつ金属素材、また湿度によって変化する相貌をもつ化学素材など、新しい素材は色彩的に、豊富になってきているといえるであろう。

技術的にも、電気的コントロールの各種装置が開発されるなど、多角的な展開があり、これらはむしろ今後に期待してよさそうである。ただ現在でも、色彩計画として動的なコントロールを考えた建築は可能でありそういう例は少ないがないことはない。ベルリンの中心に完成した教会（カイザー・ウイルヘルム一世記念教会。エゴン・アイエルマン設計）の内部空間は、まさにそういうものであった。

ここでは市街の騒音を遮断するために、ガラスブロックの全面二重壁となっているが、外側のブルー・ブロックと、内側に注意深く配置された異なる色のブロックによって、つくりだされる色彩的効果は、これまでのどの建築とも異なった独自の圧倒的強烈さで迫ってくる。

しかも内部の光は、太陽の位置、角度によって、不思議な多様の変化を示すのであった。単なる色彩計画というより、ここでは、青い空気を吸い、紫の呼吸をするのである。おそらく、現代の色彩計画は、ここに見いだされるような調節をベースとする、動的な方向に次第に移行していくのであろうと思う。そういう方向が、現代建築の本質的課題である。人間的空間において色彩が建築に参加しうるアプローチであると考える。

ここでわたくしが言いたいことは、建築において色彩が形態的段階でのみ参加するのではなしに、もっとも本質的な構想の段階にまで、こうして加わってくることの重要性を感じるし、その可能性について述べることであった。

Ⅳ　目に見えないものの秩序

空気・光・音の統一

目に見えるものと、目に見えないものの秩序について、いまわたくしは考えている。構造では、力の流れを、はっきりそれとわかるように視覚化することで、デザインのプロセスのなかに構造の問題を組み入れて考えることができるようになった。

そこでは、いかにして目に見えるものに力学的関係を置きかえていくかが重要であった。光弾性写真は、これをもっともよく示すものの一つである。

光弾性写真によって、力の流れ、力の分布は完全に視覚化され、視覚化されたことによって、デザインの進展に参加しえた。しかしことごとくを目に見えるものに置きかえることは不可能である。というよりむしろ目に見えないものに秩序の問題があるとすれば、どういう問題がそれであり、そこからいかなる秩序が導かれるか、について考えておくことが必要であろう。川添登氏は、「現代都市と建築」（一〇八頁）において、〈恰も旧技術期にたいする新技術期のように、目に見えないものの秩序によって導かれる時代を迎えようとしている〉と現代を予言している。

はたして目に見えない秩序とは何であろうか、自然科学においては各種産業機械にみられる力学的エネルギー的秩序が、電気や通信等の目に見えない秩序におきかえられていった、第一次大戦後の変化が、ちょうどこれに相当しよう。

建築でいえば、それは時間的な交替と代謝の問題である。

これは別の機会にゆずっていま一つは設備の問題が上げられる。設備こそ、まさに目に見えない秩序を建築に要求しているものにほかならないのではないか。なぜなら設備はちょうど電気と同じように体系的秩序をもっているが、そのものは目に見えない、空気・光・音を取り扱うからである。設備の問題を追究するには、方法論の示すところにしたがえば、まず身近かな設備の各種各様の現象している存在形態にはじまり、実体的な段階を経て本質的問題に次第に到達できる筈である。

そこでまず照明、音響、空調等、設備技術の現実をみてみることにしよう。そこでは眼、耳、口というように人間の五感をバラバラに分解するかのように、それぞれが分化し、独自の発展をしめしつつあり、独自の発展を遂げようとしているかにみえる。

たとえば、照明は等間隔に天井に埋め込まれ、空気吹出口は等分布に配置される等というように、これらの計画の現実には機械的な面が強い。もし本当に均等な照度を得たいのなら、実際、壁際また、天井高等の条件を無視して等間隔に配置するのは誤りで、むしろ配置はかなり不均等なものになる筈である。

その例は、一九六一年一ツ橋中学校体育館の照明計画に明らかなところである。

同じようなことが吹出口の配置や、リターングリルの位置が等分布になることも、はなはだ不自然なことといわねばならない。

したがって等分布配置のこれらの大部分の計画は、機械的でさえないのであって、非科学的に実施されている結果によるものであり、誤った非人間的設備技術の進歩の所産だということができる。これは進歩というべきではない。わたくしに言わせれば、設備における人間不在のこれは証明である。こういう非人間的設備計画をやめ、非人間的発展を設備に許さないためにはバラバラに分解された設備を統一し目に見えないものをとらえる方法、体系、装置を考えていかねばならない。設備を統一するには、自然のもつ統一に立ちかえることから始めなければならない。

窓を見るがよい。そこから光がさしこみ、空気が流れこみ、小鳥のさえずりも聞えてこよう。大きい窓は、より多くの光と空気と音を、そして小さな窓は、より少ないそれを導き入れる。

ここに見られるのは本来、自然においては、空気と光と音は統一されたものであり、一つの調和と秩序をもったものであるということである。

もしわれわれが、この統一を設備の条件として、仮定するなら、われわれの、人工の設備も、自然と同じ秩序を回復することができるであろう。それはまた、より人間的な設備の進歩という結果をもたらすものと考えられる。

では、設備にたいして〈空気・光・音を統一する〉という仮定をおくことが、よく設備を成立させうるであろうか、それはまた、いかに建築のデザインに有効性をもたらすであろうか、これらはすべて、現実をとおして検証されるべき問題である。(都城市民会館はその最初の計画である)とはいえ目に見えないものを確かめる装置は、恐らく一つは、系統を示すサインであり、一つは端末器具だということができる。

したがってここから設備の全体系をとらえ、適確に表示するようなサインの研究は、グラフィック・デザインの課題として今後一層重要となってくることが予測されてくるのである。また端末器具の進歩・発展のためには、必ずその複合統一の問題が出てくることが予測されるのである。

各細分化したメーカーにとって、空気・光・音を統一した器具の製作は、既存の体制上では容易ではない。そこに生産機構の再編成にまで及ぶような重要な課題といえる問題がある。

このような実体的段階での設備の検討が進展していくことは、いたずらな技術導入をこととする設備技術に対して、また非人間的設備の前進を阻止し、設備自身のもつ矛盾のなかから、設備のすすむべき道を発見できることを自覚するに至る、きわめて重要な一つの糸口となることを意味するであろう。

方法論からいえば、これが設備における∧かた∨の段階であって、設備がデザインに組み込まれること、いいかえれば人間的な問題として考えるようになるためには、どうしてもこのようなアプローチが必要であり、段階の経過が必要だということを、指摘したいのである。

そうすることによって、設備は、建築の空間と密接な関係をもち、さらに分かちがたい空間そのものとなり、建築のデザインに参加することになるのである。

設備の端末器具は、美しい形をもったものとしてテーブルの上に据え、器具を中心として、会議をし、かつての暖炉の火以上にそれが生活にとってよりどころとなり、魅力をもったものとならねばならない。さらにそれは衛星船における統一器具（衛星船ではたして空気吹出口と光と音が統一されているかどうかわからないが、当然統一すべきものであろう）では、それは単なる機能を満足する魅力的な器具以上に、神聖そのものとして理解され信頼されるようなものにまで、なるべきものだと思う。

設備は、かくしてデザインに組み込まれることによって、はじめて今後の発展が期待しうるのであって、設備の長い停滞は、それ自身のもつ非人間性にこそ根ざしていたのだということができる。いまや、デザインにおける本質的問題である人間の環境にたいして、目に見えないものの秩序に、設備は応答しなければならない時点に到達している。

応答することによって、設備はデザインの本質にふれ、そのとき自然よりさらに高度のすぐれた人工環境を創造することができるのである。この究極の問題に直面することを避け、機械のための機械の進歩にとどまるなら、設備は自然によって否定され、自然の優位をくつがえして、人工の環境を、つくりだすことは不可能であり、建築デザインと共に進むこともまたできないであろう。

目に見えないものの秩序として設備の果たす役割はきわめて大きいと考える、それだけ設備は重要な段階をいま迎えているといえよう。

建築設備諸技術の課題

建築設備の位置

現代建築を推進させる今日の課題の一つに、設備技術を、いかにして建築デザインに繰り込むかという問題がある。

そういう理由は、多くの建築が、設備技術を駆使し、その恩恵をこうむるようになってきたことによる。いま建築工事費の面からこれをみてみると、そこに占める設備費の割合は、きわめて大きく、三〇%～四〇%にも達している。

これは設備技術の進歩とともに増大してきたものであるがとくに一九三〇年代から急激に上昇したものであって、建築工事費のなかで、他のたとえば構造費二〇%～二五%とこれを比較してみると、設備費の方がはるかに高く、場合によっては構造費の二倍に達する例も多い。わずか三〇年ほどの間にこの驚くべき伸長をとげたものである。しかも安全性と直接的な関係をもつ重要な軀体構造をも上まわる新しい技術とはなにか、これこそ建築設備（とくに空調）の諸技術である。

いいかえれば、建築デザインは、設備によって左右されるようになってきたのであって、設備にその多くをささえられはじめているといっても言いすぎではない。そこで、現実の設備諸技術について、建築デザインの立場から、その問題点と課題について考えてみたいと思う。

これが建築デザインを推進させるための重要な今日の問題であると同時に、建築の歴史的発展からみて、二十世紀後半の建築の進歩は、新しい課題、設備諸技術の進歩を基礎として、その上にいかになし遂げられるものかを考えねばならないときであると思う。それは、空調技術の進歩によって、急激にあらわになってきた。このような設備技術をどう理解すればいいか。

建築と設備の関係について、I氏は、「太古から現代までの家の歴史は、三つの段階に分けられるようである。」としてすなわち、

一、悪い環境からかくれる
二、環境を改良する
三、環境を作る

と述べ、現代は第三の、つまり機械の発明、工学工業の発展によって、設備による望ましい環境を人為的に作り出す段階がひらけてきたと述べている。（建築学大系 二三、一五頁）

しかしただ三つの区分に分けて述べられているだけで、三つの区分相互の必然的発展の諸関係には触れられていないように見える。しかしこれまで建築において、付帯設備として取り扱われてき

たことの誤りを指摘したことは正しいがそこに設備自身の発展過程さえ正しくつかまれていないという点で依然として設備を正しく位置づけることに成功していない。

もし設備の諸技術が、さらに前進しようとするなら、まずその一つは設備発展の歴史的追求によって現代の設備のおかれている位置を明らかにすることでなければならない。また同時に設備諸技術を建築デザインのなかにとらえるという方法論が必要となってこざるを得ないといってよい。でなければ「客観的法則性の意識的適用」という技術の本質が、どうして、人間的なよい環境をつくりだすことに結びつきうるだろうか。

ドイツにおけるユダヤ人の大量虐殺のガス室が、示すものは、より効果的で、より合理的な設備技術の適用が、必ずしも人間的目的に奉仕するとはいえないという例であろう。

これは戦時下の特殊な問題として理解するだけでは十分ではない。われわれの日常周辺においても全く同じような問題が横たわっているからであって、公害にみられる諸現象は、狭い範囲のミクロな設備技術の適用に起因するものが少なくない。地下水汲上げ、媒煙等はその例である。このように技術は決して非人間的に使われないという保証はない。だから技術は科学を基礎にもっと同時に、技術はデザインに繰り込まれなければならないのである。

その史的発展過程

一般に建築設備といわれるものの範囲は多岐にわたっているが給排水設備・各種電気設備・空気調和設備に要約することができよう。これらの設備が目的とするのは、「人間の生存および健康、発育ならびに活動について、空間環境を整え制御する」ことにある。したがって建築設備は環境衛生の重要な一部門に属し、その内容は衛生工学の原理および技術に立脚するものであるということができる。

環境衛生が対象としてきた生活環境の諸条件は、今日都市と建築のうえにますます重大な問題を見いだしてきている。建築設備はまさにこの具体的実践としての役割を課せられているのである。庄司光は、環境の衛生学のなかで「今日の衛生学は学問であるとともに、国民の生活と結びついた技術」であることをのべられているが、にもかかわらずこれほど無力の技術が、技術といえるであろうか。それは実践に結びついて考えられなかった学問の共通の非力さを示している。

とくに建築の内部の問題として建築設備の発展を単なる技術の進歩としてのみとらえることは誤りであって、社会的諸条件、経済的諸条件、政治的諸条件をあわせ含む社会の史的発展過程のなかではじめて生みだされてきた技術として、これを把握していくことが必要である。では社会の発展に、設備技術は、いかなる役割を果たしてきたであろうか。いかなる発展をとげてきたか。

まず古代社会において、住居群のとりまく広場の火によって、家長の強大な権力が保持され、その表象としての火が設備の最初の出発だと想像される。広場の火に集まり、一つの火のもとに食事をし、暖をとり、猛獣から守られることが、どれほどの強い団結と、その組織の維持に役立ったかは、旧石器時代の数万年という長い年月によって明らかにすることができる。

移動していた社会は、やがて一定の場所に固定するようになったと考えられるが、常に火は広場の炉に燃され、戸外の炉であり小社会の火だったことが、この時代の特徴をなしている。縄文時代前期の青森八戸および茨城利根町遺跡はその例である。

しかし計画的に食糧生産をするようになってくると、共同体に拡大と、分業が見られるようになり、大家族の再組織と分解過程のなかに、広場の火が、各戸にはいって、屋内の炉となっていくのである。家族が一つの火を囲んで語りあい、暖をとり、料理することが、どれほど革命的魅力であったかは知るよしもない。

しかし共同体としての社会を構成する家族の単位という意識と、新しい家族を表象する設備としての火は新しい設備の出現によって変化がもたらされたと見るべきである。縄文後期から弥生にかけて、住居の各戸に、ほぼ中央近く石で囲んだ炉跡が見いだされるのは、このことを示している。東京利島、大石山や長野県茅野市等の遺跡がそれである。しかも弥生集落では、井戸跡と考えられるものが発見されており、新たな設備としての水の問題がすでに現われていたことが裏書される。

これらのことは、農業革命が単なる生産技術の変化にとどまらず、社会構造に及び、炉に表われた生活環境の変化にまでおよんでいたことの証拠であって、社会のそうした全体的な変革こそその後の発展の素地をつくり出しえたものに他ならなかった。

農業革命は、共同体を強固にする一方、農耕地の拡張と、灌漑工事を行なうことで、その基盤を充実させていったものと考えられる。この場合湿式農業としての稲作にとって、水の供給はきわめて重要な課題となる。したがって小川や泉を利用した溜池による貯水および、給水・排水のための水路が考えられ計画的でコンスタントな水の供給技術が発達していったと思われるのである。

つづいておこる古代都市の成立に際しては、この計画的かつ合理的水道の建設がベースとなっていくのである。その方法と時期には若干の相違がみられはするが、これは世界共通にいえる設備技術の発展過程といってよいであろう。

古代の水の供給形態には、泉、井戸、溜池、地下水道、水路橋などの方法がある。たとえばエジプトにおける、井戸とつるべ、水車の利用、またアラビアのダムによる貯水、ダクラの井戸掘削技術、ギリシアのサイフォン利用の水力仕掛(前一八〇年)、アッシリアの諸都市にみられる地下水道、インドの蓋のある溜池と水道、シュメールの運河掘削あるいはフェニキアの水路そしてこれが後にローマの水道に発展していくのであるが、いずれも、その地域の条件のなかで、最もふさわしい方法をとりながら、しかも新しい技術をそこから、さらに発展させているのである。

とくに注目すべきことは、南メソポタミアに見られる下水設備の建設であろう。これはモンスーン期の雨水を処理するために、レンガによってつくられた巨大な地下水溝で、これに、各住宅の浴室、便所の排水が落とされるようになったものである。

この下水設備を、ローマが学び、当時すでに水洗式の公衆便所が一一四を数えるほど、下水道の建設は完成されたものとして建設されている。しかし十七世紀まで、ヨーロッパの大多数の諸都市には、ロンドン、パリを含めて、十分な下水道は見られず、二世紀ごろまで満足な排水設備さえ見られなかったのである。

しかしこの間に設備諸技術の基礎的発明と改良は見るべきものが多く、水道、ガス、電気にわたっており幅広かったといえる。たとえば水力利用は多角的に開発され、やがて十六世紀ころから製粉工場の風車利用さらにはこれが風力タービンにまですすみ、複雑な各種設備機械や動力機構を生みだす下地となっていく。また炭坑は、あらゆる面で、技術の進展をうながした。たとえば炭坑内の安全な作業のために地下照明方法が一八一五年デーヴィによって考えられ、同じく炭坑の換気のために、火バケツに代わる空気ポンプが一八〇七年バドルによってヘーバン炭坑に試みられた。また揚水ポンプがニューコメントによってつくられた。

しかし炭坑は劣悪な作業環境として、一方で奴隷的労働を強い、これが動力資源の開発をおくらせ、低水準におさえたことは見のがせない。中世を不潔な中世と呼ぶのは、設備の発達が不十分だったことを意味するものである。

ジョージ・デクソンは一七六〇年ごろ石炭ガスを屋内照明に利用、一八〇一年にはパリでガス灯の実験が行なわれ、一八一〇年にはガスパイプが鋳鉄でつくられ一八一五年ロンドンの公共建築はガス照明となった。このため人々は公共のホールで夜集会ができるようになり、民衆政治がそこから活発化したといわれる。

一八二五年にはパイプの量産が始まり、水道、ガスの供給は本格化してきた。英国の成功は、アメリカ、ヨーロッパに伝播して一八三〇年ごろまで、パイプの輸出がつづく。

一八四〇年大気バーナーがブンゼン（一八一一—一八九九）によって発明され、効率がよくなった。一九五〇年にはガスメーターが発明され一八七〇年になってようやく料理に熱エネルギーとしてのガスが利用されはじめたが、これは電気照明の発展に関係がある。

一八四〇年ごろからアーク灯の改良がすすみ、一八四二年にはゴムによる絶縁材が工夫され、一八四五年には早くも電灯を企業的採算の上で検討するところまで到達した。

しかし配線は危険視され、一八四七年ロンドンでは、市中の架空線を拒否し、埋設ケーブルの運動がおこっている。一八六二年照明は、まず灯台の照明として、ダンジネス、スターポイントの灯台に利用され、一八七五年にはパリ北停車場ほか各自治体などに利用されはじめた。

一八八〇年ごろまで——電灯の将来にたいしては、かなり悲観的観測が多かったが、交流発電機の登場、高圧送電、二線式三線式などの発電および配電の前進と、電気アーク灯および白熱電気フィラメントランプの成功で、次第に照明はガスから電気にうつっていった。

一八八五年には発電所事故から変圧器がつくられはじめるなど電気は小規模発電ではあったが十

九世紀末までに、完全に必要な本格的基礎設備となっていったのである。

水道では、一八一七年鋳鉄管による大規模な圧力水道の使用が開始され、一八七三年から水量計が用いられ、一九〇五年塩素濾化装置が導入された。このほかにも電話や汚水処理などの建築設備に関係の深いものの発展があるが、こうしてみてくると、産業革命は、十七世紀末から十九世紀にかけて実に、さまざまの分野で驚くべき発達をとげたことになる。

そしてこれは、ローマ時代から産業革命までの間、技術的にこれほどの大きな進歩をとげていながらそれは、少なくとも社会的に、生活環境を向上させる方向にはあまり向けられていなかったかに見えるのである。なぜなら中世のヨーロッパでは、くず物や排泄物を街路にほうりだすのが習慣となって実に不衛生な環境であったといわれている。このため伝染病が蔓《まん》延し、多数の病死者を出してきているのがその証拠である。川上武は医療の論理のなかで「どんなに有効な治療法をもってしても、視点を人体内にかぎる間はけっきょくは疾病の克服が不可能である」と述べられている。そして伝染病の多くを阻止できるのは、下水道設備の建設以外にないことを指摘されているので、下水道の完備していない東京においては、伝染病が流行しないとは、中世都市の歴史的事実からみて断言できないのである。そしてさらには建築内部のみの設備技術の高度化のみからは、生活環境全体の向上は望めないことを設備技術者は自覚しなければならない。さらにまた、このことを最も技術的に正しく主張できる者は、設備技術者をおいて無いのである。

中世都市の劣悪な生活環境から、いかにして近代都市としての生活環境が獲得されてきたかをみるには、ロンドンがいい例である。一三四九年の黒死病の大流行以来、ロンドンには数々の疫病が蔓延した。市内を清掃する命令が出されたが、効果はなかった。あらゆる種類のごみや汚物は、街路に投げすてられ、悪臭と埃で眼をそむけたくなる光景が相かわらず続いたのである。

一六六六年のロンドン大火の後、ごみの清掃、捨場の指定、ごみの収集が行なわれるようになり後に専門の清掃員として自治体の雇員が生まれたほどである。一時的には、くず物の一部は、肥料として農家に売られ、また別の部分には買手が見つかった。

しかしなんらかの処分を要するくずの量は、次第に厖《ぼう》大になり、船で海に運搬の上捨てられたり、特別の焼却炉で焼かれたり、特定の場所の埋立に用いられた。

人口の急激な増加に伴って、問題は深刻化していった。

都市に集まってきた人達は、不健康な生活環境のなかで、実にみじめな生活をするようになり、不潔な環境のなかで、疫病が流行し、これを絶滅することが必要となってきた。

一八〇〇年までは、普通の家には一つの便所があったが、貧しい階級では、共同便所しかなかった。しかしこれでもヨーロッパの諸都市よりまだましだったのである。

十九世紀末まで下肥の汲取が行なわれていた。地階に設けられた汚水溜は――悪臭を放ち、周囲の地面にしみ込んで水浸しにした。配管パイプを伝わって、屋内に出てくる悪臭に悩まされ、水洗便所に悪臭止めのトラップが考えられたほどである。

この我慢ならない状態から抜けだすために、汚水溜は禁止されていたにかかわらず下水道に接続

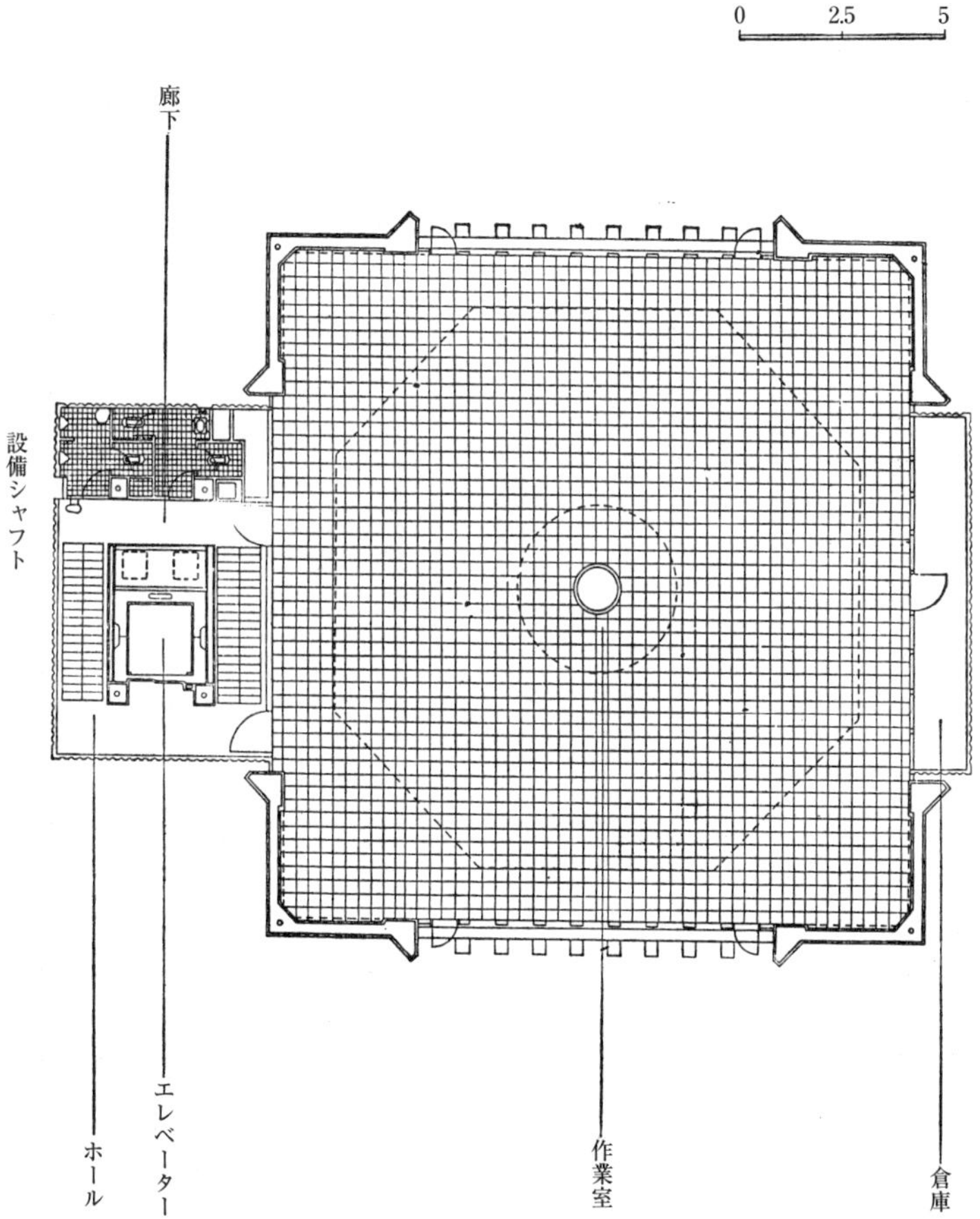

セコニック工場　1961

された。この下水道の新たな問題解決に、大々的改良工事と汚水処理施設が建設されたことで、二万人が死んだ一八四九年と一八五四年のコレラの流行以来、生活環境は根本的に改善されることとなったのである。下水道の建設にかくも多くの犠牲と時間を浪費しなければならなかったのである。ひるがえってわが国では、地下水とその他の水資源が豊富であったこともあって、水道は江戸時代にようやく始まったようである。江戸では、一六〇〇年ごろから計画された、玉川上水（一六五三年）神田上水（一六六七年）等がその例である。

この時代に各地の水道が、江戸に刺激されて城下町で建設された。金沢水道（一六三二年）、水戸水道（一六六三年）、鹿児島水道（一七二三年）等がそれである。一八六八年の神奈川水道が鉄管による最初の水道となり、一八八七年にイギリス人パーマによる横浜上水道が圧力水道としての近代的水道の始まりとなった。

しかし下水道は、一九〇〇年以後にわずかに主要都市の一部に建設されたにとどまり、一九六〇年の全国人口の七％、都市人口の一五％をカバーするにすぎない。その結果十九世紀末のロンドンのような問題を一九六六年の現在、われわれは深刻な課題としてかかえていることになるのである。まさに生存と健康が、おびやかされているというべきであろう。

こうして、設備諸技術の発展をみてくるとき、設備技術が各戸の問題と都市の問題を生活環境の変革としていかに強くつないできたかを知ることができる。さらに設備技術が、いかに社会的存在であったか、そして社会的存在でなければならないかを知らされる。

下水道以外にわが国における電気の架空線と電柱の不愉快さは、目に余るものがあり、それは交通の妨害となり都市景観を著しく阻害している。にもかかわらずケーブルにする運動が進めらないことや、電気周波数が関東五〇サイクルと関西六〇サイクルの二本立になっていることの不便について、その不合理不利益が指摘されているにかかわらず放置されている。設備技術が解決しなければならない、いかに多くの問題をかかえているか、そしていかにこれを解決していくか、そういう実践の方法を、正しく把握することが、わが国の設備諸技術に学びとられねばならない。

現代的課題

二十世紀を迎えて建築設備の諸技術は、飛躍的に進展した。これは進展の基盤が十九世紀末までにおよそ完成されていたことを示すものであるが、その主要な技術をあげれば、(1)エレベーターの実用、(2)空調の開発、(3)制御機構の進歩である。

釣合おもりによるエレベーターが主として荷物用として利用されていたが、イライシャ、グレーブズ、オーチスが安全装置を考案して以来一八五七年には五階建の商店に人間用昇降機として設置され一八八九年ごろに電動エレベーターが実用化されて、高層建築のための上下交通用機械としてのエレベーターの技術が確立した。

二十世紀初頭のアメリカでは、資本主義の成長に伴って巨大な富の蓄積を背景として摩天楼(sky-scraper)の出場が始まる。ウールウォースビル、シカゴトリビューン、エンパイアステートビル等がそれである。

しかし設備諸技術から、アメリカの摩天楼をみてみると、初期のビルでは、採光は全く自然採光に頼り、換気は窓から行ない、暖房だけがスチームによる直接暖房という、つまり高さだけが高くなって、設備技術そのものの進歩にはあまり関係がなかった。空調が開発されたのは、一九三〇年にはいってからのことで、本格的空調と人工照明が実用化するのは、さらに一九四〇年の終わりごろからになる。外部開口部をクローズして、空調した最初のビルは一九四八年完成したエクイタブル・セービング・アンド・ローン・アソシエーションビルであった。いまから約二五年前にすぎないのである。

制御機械というのは建築設備の高度化に伴い、各設備の制御装置を設け設備計画の進歩にしたがい、屋内気候の制御をメーターによって自動的に行なわせようとするもので給排水設備・空調設備・各種電気設備その他の設備の維持・運営を一個所のコントロール室で集中管理するという方式の出現はその一例である。制御機械は次第に広く用いられはじめてきた新しい技術である。建築が大規模化してきた場合、当然考えられねばならない問題といえよう。

さて十九世紀までの技術の進歩は、多くの発明・発見によってもたらされたものであるが、しかし、なおよく見ていくと、それは実にこまかな技術のつみ上げであり、改善であったことを知らされる。多くの失敗を重ね、後に役にたたずすぐ消え去った技術のいかに多かったことか。

そしてまたかかる技術の発見が、なぜ技術者の社会的地位を大きく開くことにならなかったのか、という点に考えさせられるものがある。

星野芳郎は、技術者が技術の歴史から脱落していく原因として、(1)構想力のベースがせまく、広く深い探索に欠けること、(2)成功するまでは執念にとりつかれるが、栄光が与えられるとすぐ満足してしまって、新たなものへの意欲を失ってしまうことが考えられるとのべている。

二十世紀の現代において、もはやかつての技術の進めかたでは、技術の進展も、技術者として生きていくことも出来ないであろう。建築設備技術においても、それぞれかなりの分化が進行しており、専門分化したなかで、構想を狭いものにし、また深く科学に立ちかえることを困難にしているに違いない。

そこに建築をささえる総合技術の場としての〈かた〉をとおして、デザインに参加していく現代の技術発見の意義があり、重要性がある。

ではデザインはどのような方向に向かおうとしているか、現代建築は、人間性を獲得しようとしている。設備技術は、まず人間と建築との関係をより明らかにしていく必要がある。このためには人間的生活環境とは、いかなるものかを追究すべきである。

それは、ある面で衛生工学が追求しているものであるが、それがすべてではない。快適環境がいかなるものかについて、もっと深い追求がないかぎり、生活環境をどうしたらいいのか、その根本がぐらついてしまうことになる。人間の感覚を基礎にした設備間の統一についてはすでに述べたのでここでは触れないがそれは建築内部の問題として終わることなく、当然より広い視野のなかで、建築外部の問題を含む、社会的問題として考えすすめられるに違いない。それは、これまでの生活環境に加えられるべきものと、新たな問題として生活環境をおびやかすものの除去について技術の適用が考えられねばならないことを意味する。

たとえば空調は人工気候をつくり出すことに成功したかにみえる。しかしそのことで、新たな病気、不健康への危険は増大している面がある。温度変化によるショックは、その一例であろう。また働く時間だけ人工気候におかれ、休息する時間は自然気候におかれることがどのような影響を人体に与えるものか。こうして次第に建築から、より広域の空調を考える地域冷暖房の問題にすすんでいくことになるのである。

生活環境を、より安全により健康的に、より快適にするものは、設備諸技術をおいてないであろう。十九世紀までの進歩が、生存のための基礎固めであるとすれば、二十世紀における設備諸技術は、明らかに、より人間的なものの展開として考えられねばならない。さらに現代建築のデザインは、社会的秩序を強めてきていることである。これは設備諸技術にとって、新しい発展の糸口を提供することになるといってよいだろう。

なぜなら設備技術は本質的に体系的秩序をもっているからである。水道は本管から支管へ、そして末端の配管というように、系統的に結合されていき、一つの水の体系をそこに、つくり出してくる。しかもそれは建築の内部のみではなく、都市にまで同じ原理でつながっていく。圧力水道には圧力水道の体系があり、電気の配電もまた同じように、電気独自の体系をそこにつくり出すのである。また空調には、空気の流れに基づく、空調の体系ができ上る。

これは設備諸技術のもつ魅力的な秩序であって、それぞれの体系が、建築においていかなる組織をつくり出し、いかなる構造を建築に要求するかは、今後の新しい問題として重要な設備の課題となろう。この場合、これまでの設備諸技術の体系をそのまま問題とすることには問題がある。

つねに新しい技術の進歩が、とり入れられ、進歩をうながしながらそれぞれの体系を変革させ、建築がつくりだそうとする人間的秩序、社会的秩序の創造に加わるのでなければならないからである。エレベーターにおいて、高速エレベーターと一般エレベーターを分割し、サービス階で結ぶ高層建築における輸送能力向上と設備費用軽減の、新しい交通体系がそうである。

また配電において、高圧と低圧の変換位置を考慮し、ある個所の故障にも別の回路で結ばれうる電気の体系を考えるなどのことは、こうした理解の上に検討されて、はじめて意味が出てくる。こうして新しい体系が追求されていく過程で当然各種の設備機械類が、検討されることとなり、建築設備にふさわしい機械が考えられることになるものと思われる。

ボイラー、冷凍機、焼却炉、発電機等の設備機械は、分化した技術の成果として結実しているが、それらは、はじめから決して建築設備のために考え出されたものばかりではない。ある場合には、組み合わせた新しい種類の機械器具によって、建築に適するものとなるかもしれないし、ある場合には、さらに分解されるべきものも出てくるであろう。

建築設備の諸技術はそういう意味で、建築をより深く追求しなければならない。しかし一つの建築の秩序のみを問題にしていては解決に至らない。しかしまたあくまで一つの建築から出発するのでなければならないであろう。そして究極的には、わたくしは設備諸技術をとおして人間的生活環境を、建築は二十世紀において獲得し完成するものと考えるのである。

人工気候と人間

人間社会と設備技術

人工気候という程の広い意味での設備技術の要請も、現実適用も、まだわが国では見られない。そういう中で、人工気候と人間の問題をとり上げるという意義は、どういうところにあるであろうか。私は、これを次のように考えている。設備技術の可能性の増大、そして設備技術そのものの高度の発展と展開から、遠からず人工気候と呼ぶにふさわしい規模と範囲と質的内容をもった計画が現実化されることは疑いない。そうした場合、人工気候というものの人間に与えるであろう影響は、どういう形で、どういう所に出てくると考えられるか。

こういう点について問題にしておくことが、人工気候発達の方向を正すということになる。

また現在の設備技術の発展を、そのまま延長した先に、真に人間的な人工気候というべきものがあるかどうか。そして設備技術は、現状のアプローチの方法によって、自然にまさる人工の自然をつくりだしうるのかどうか。そういうことを考えておかねばならない。こうした準備は発展のはやいどの領域においても、常に重要な課題となるものである。

現代の技術で、不可能と思われるものは、非常にまれで、少ない。たとえば都市・建築における設備問題では、人工気候まで行かないにしても、かなりの程度に発達してきており、換気・暖冷房・湿度調整・塵埃除去、イオン均衡等のコントロールができるように徐々になってきている。さらに個々の技術は、一層すぐれたものへと高度化し、進歩しつつある。もし、やろうと決意さえすれば、建築や都市という規模にとどまらず、地域全体の問題にまで、今すぐにその範囲を拡大することも、決して不可能なことではない。

むしろ現在の設備技術の真の問題は、そういう計画に際して、人工気候をつくりだすところの技術体系と、人間社会の組織体系とが、どのようなところで結びつきうるか、どのように調和できるかというところにあって、このような基本的問題の方が、実現にたいする、より重大な問題となっているようにおもわれる。

しかしわたくしがここで恐れるのは、このような人間社会との関係を放置したままで、設備計画が検討でき、可能であるように錯覚する技術の閉鎖性についてである。

いいかえれば、これは人間との関係においてとらえられるデザインの問題として、設備技術がデザインの方法論の中に組み込まれていないことを示すものであって、具体的現実の問題と、本質的な問題との間に断絶があることは、今後の設備の人間的展開にとって重大な欠陥となるのであろう。たとえばある計画でセントラル方式か、個別ユニット方式かという設備計画の分岐点で、人間の要求する秩序に、いずれがいかに矛盾し、いずれがどのように適合するか、これは設備計画における最も基本的命題の筈である。にもかかわらず、都市内で個々の建築ごとに、規模のいかんを問わず、設備が個別的に実施されている。この現状は、個別方式がいいということでならば、われわれの人工環境は、次第に充実していることを意味する。がもし、マクロ的にとらえて、セントラル方式が望ましいというのであれば、われわれは社会に重大な浪費をしいていることになるのである。

そのいずれがいいかは、もちろん、段階があり、現実の状況によって一律にいずれと決めることはできえない。しかし設備計画の専門家は、いかなる場合に、いずれがすぐれ、その技術を実現するためには、どのような手段・方策・順序がそこに必要となるのか、これを明らかにしていく責任があろう。

このような設備技術の進歩と人間社会との関係が一体として、考えられていかない限り、技術のための技術であって、人間的な真の進歩とは認めがたい。社会とともに進展するという、自覚の必要なことを、方法論は指摘するのである。

この観点から見れば、戦後導入された設備技術（その代表的なものとして冷房がある）以来、なんらの進歩も今日見られないといえる。そしてそれはまた世界における進歩の見られない、停滞の実はまた反映でもある。

にもかかわらず、設備技術の進歩は、確実であり、急速であり、たしかに充実してきている。米ソ宇宙船における人工気候の例が、それであろう。まだ人間の一生からいえば、短時間に過ぎないにしても、数日間も完全に人間によって人工につくりだされた気候の中に、生活しえた事実は、設備技術の高度の進歩を裏書きするものといえよう。ここでは自然の空気を積みこんでいくわけにはいかない。まして大気を換気で求めることもできない。空気のかわりに全く新たな人間に適合する人工ガスをつくりだして供給しなければならない。

これはまさに人工気候と人間との現代の新しい関係を示す最初の一ページとなるものであろう。また海底でも、フランスの科学者クーストらによって、地中海において高温度、高気圧下における生活記録が報告されており、さらにまた空気を調節しながら送りこむ例として、各地の病院に備えつけられている保育箱等があり、人工気候をつくりだす技術は、小さな範囲から、次第に大きなものへ、短時間から長時間へ、自然の空気から人工のガスへと着実に展開されているといってよい。設備技術は決して停滞することなく、科学者の手によって推し進められつつある。唯ここで問題にしたいことは、これらの進歩が、より人間的な技術として発展させられているかどうかである。湿度六〇％温度二七度という人工気候の目標が果たして人間的なものかどうか。

人工気候が人間的なものであるためには、どうしても人工気候の進歩と人類の進化とは、一つの深い関係の中で問題にされていくことが必要となってくる。この問題は、そこでは当然設備技術だけの問題には終わらず、もっと広い視野と、将来に対する深い洞察をもった総合的な人類の生存の問題を考えるというような次元にまで、高められることになるに違いない。私は、ここで設備技術の進展のためには、どうしても、人間のための秩序をつくりだす、このような進歩のメカニズムをとらえ、人間とともに進展するという方法論を理解しなければならないと考える。

でなければ、設備技術の理想とする人工気候の目標は、常温箱のようなものになり、自然のもつ四季の変化に与えられるリズム感、リズム感をとおしてとらえられる秩序、さらにそこにはぐくまれる人生観、宇宙観といった問題が、次第に欠如していくことになるだろう。

われわれは、自然の一部を切り取って、そこに生きようとするような退化を是認しないのである。すべての自然を同化し溶解し、胎内に宿すような自然よりさらにすぐれた自然を、人工気候によってつくり出すべきものである。

方法論の獲得

地球上において、いかなる地域の自然条件が、人類の進化にどのように役立ったか、そしてどのような気候条件が、人類の発展を阻害することになったかを観察し、分析してみることも一つの必要なアプローチである。いくらかは人工気候をつくり出す上に、役立つであろう。なぜなら人工気候は、まず自然に学習しなければならないからである。自然に学び、そこから人間的なそして人工的な新しい自然を獲得するというプロセスを経過しなければならない。

しかしより重要なことは、現実の設備技術において矛盾を発見し、そこから出発することである。当面する設備技術最大の矛盾は、総合技術を欠くことである。現在人工気候は、ばく然と空調・温湿度・照明等の各種計画の総合の上に成立するものと考えられている。

しかし各種計画相互の調和・総合についてはほとんど問題とされていない。少なくとも各設備技術内での研究に比較して、総合技術は手薄である。

人工気候が総合にたいして手薄の原因は、技術の不自然な細分化・個別化・専門化の進行にある。このためいかにも進歩は急速になったように見えるが、かえって進歩のズレ、間隙《げき》、重複、さらに横の連絡のとりにくさが結果として、チグハグとなり最も基本的な問題が、専門化の断層に埋没し、人工気候の進展をはばむ結果となっている。

人間の五感をバラバラに分解して、目・耳・肺などという各器官別に、独自の計画をもち、専門分化している設備技術は、感覚系統別に技術的前進をつづける努力をすると同時に、総合的成果にいかに結びつくかを今真剣に討議する時期であろう。そうでないかぎり、人間の中での統一より、はるかに劣った総合しかなしえず、究極的に人工気候の人間的構築に失敗するであろう。

今、設備技術は、人工気候をまえにして一つの試練の時期を迎えている。

一つは自然の心臓の代役を演じる人工心臓が製作されているが、人工心臓が自然の心臓におとるということによって、自然を越ええない単なる機械に終わるかどうかという、設備技術の可能性にたいしての問いがあり、同時に他方、人工気候計画において、いかにも機械的な計画（均等な配置による空調吹出口・照明等）が、均等な機械的条件を生みださないという自己矛盾にたいしての問いである。

設備技術が、この問いに正面から立ち向かわないかぎり、はたして人間的デザインの獲得への戦列に加わりうるのかどうか、基本的に問われているときである。

人間はどこまで人工気候に適応しうるものかという問題が一方にある。

海底生活における高気圧下の作業、酸素吸入によるダイバーの作業、人工衛星船のための無重力状態における行動能力、2G、3Gという重力状態に耐える能力等々あげていくと、オリンピックにおける記録更新以上に、人間そのものの能力の限界の広がりをあらためて知らされるのである。

現代科学技術の示す人工気候の可能性もさることながら、人間がどこまで、環境条件に適応する能力をもちうるかの問題が、重要な人工気候の方向と限界を示唆するのはこのためである。

ここでいえることは、人工気候のもとに棲息することによって、人類は新たな進化をとげるだろうということである。

過去における生物進化の歴史を眺め、そのプロセスを学ぶとき、われわれは、そこで人工気候の意味、新しい自然を人間がつくりだすことの意味を悟らねばならない。そして、私は、人工気候の問題を前にして、次のような前提をおかずにはいられない。それはいかなる形態、いかなる状態までを人間として認めるかということについて、討議しこれを前提とすることである。

われわれが不用意に人間的といっているそのことが、人間という概念で推し量れないような進化をとげた、新しい生物のためのものとなってしまうことに、どうやって抵抗し、回避しうるものであろうか。個体的適応と、社会的適応のいずれもが、相互に影響しあい、五感を分解した設備技術は、肉体と精神を分解しようとするだろう。そしておそらく人工気候は、新しい生物を誕生させずにはおかないだろうからである。

そうしないためには、われわれは、設備技術の進歩を、人間とともに前進するという方法論のなかに組み込み、現実から技術的なものを媒介して本質をとらえ、さらにこの本質を現実に適用するという実践的人間の技術に、まずしなければならない。

設備技術を技術のレベルからデザインのレベルに上げることである。そうすることによって人工気候の発展は、人類の進化に寄与できるものにすることが、可能となると考える。技術の可能性と人間の適応性の上に人工気候がつくりだされるのではなしに、人間の根源的願望が自然をつくりかえ、技術がこれを実体化し、現象する現実の矛盾が、再び本質を揺さぶるというデザインの構造にしたがう方法論に導かれて、人間的な発展を人工気候は達成していくことが必要である。今こそ設備についてのそういう認識の重要なときだといえよう。

V 建築は代謝する環境の装置である

三つの装置

空間の基本単位

先史学者ゴールドン・チャイルドは、「歴史のあけぼの」の中で、人類の進歩のメカニズムについて、「人間の社会を環境に適応させ——すすんで環境を人間社会に適応させるために、人工的で、とりはずしのできる装備をもち、その進歩によって、この種が生存し、増殖したことは、先史学によって明らかにすることができる」と述べている。

その指摘するとおり、装備というものの考えかた、装備そのもの、そして装備が相互に、あるいは人間および社会と、さらにまた自然と人工物に対応し、関係づけられることが、今日ほど切実な現実の問題として大規模に取り扱われようとしている時代は、これまでのいかなる時代にも無かったといってよい。では、建築において、この新しい時代の要請は、どのようにおこっているであろうか、おそらく建築というもの、それ自身の内容も、変わってこざるを得ないと思われるが、まず空間という認識の変化にこれをみることができる。

これまで建築の最小単位は住宅であるといわれてきた。「住宅は住むための機械である」というル・コルビュジエの指摘は、このような建築の基本的単位であると考えられていた住宅にたいして、機械であるとしたところに重大な意味をもっていたのである。それは住宅を機械であるとすることによって、彼は、建築のすべてを機械にするということが言えたからである。事実すべての建築は住宅から始まるとされていた。病院は寝室の延長であり、学校は書斎の延長であったのである。

しかしいつまでも建築を一つの完成された作品として考えることは許されなくなってきた。病院や学校は、社会的要請によって増築・改築をしなければならない。また住宅においても成長計画が問題になるという現実を無視しえなくなってきたのである。この場合建築を、完結したものとして考えることは、不自然であり、現実に適合しない。つまり建築の最小単位は、住宅ではなくて、それよりもさらに小さな単位としての住空間であるとする必要が生じてきた。

すべての建築は、住宅の延長などではなしに建築とは、ある種の空間が、ある一つの組織によって結合したもの、と定義しなければならない。少なくともそう考えなければ現実の増・改築にたいして考えることができないと思われるのである。

そこでこの定義にしたがうとすれば、空間には種類があるのかどうか、空間組織とはどういうものであろうか、という問いがつづいて出されてくるだろう。

空間という建築の最小の単位をとりだしてきて、まず空間そのものを問題にするということは、建築を考えるうえにきわめて望ましい方向であるといえる。

それは、(1)人間生活と建築の対応を追求できる。(2)機能的アプローチにたいして、実体的アプローチを意味するからである。(3)建築の組織学が生まれる可能性がある（建築種別の否定）。(4)増改築が論理的になり、互換性・共通性を問題とすることができる。(5)他の建築との関係から、都市環境につながることができる。というようなことが考えられる。建築の単位を住宅から空間にしたために、こうした問題が考えやすくなった、と同時に現実との矛盾が解消されていくものと思われるのである。

さて空間の種類についてであるが、空間には本質的に種類が認められないといえよう。学校の空間と、病院の空間との間には、差異は認められないので、震災時に学校を病院のように使うこともできるのである。他の建築においてもこの関係は同様である。住宅が学校になったり、アパートが事務所になったりということは、ありうる。ではなんで、この建築は学校であり、これは病院だということになるであろうか。それは、空間組織ではないかと考える。空間の組織のしかたによって、ある場合には中廊下型のクラスター、あるときは環のようにつながったじゅず玉、といったような結合方法が生まれ、それがどのような使われかたに適合するかで学校とか、病院という建築種別がでてくる。

これは、目的とする主たる機能にどのような空間組織を対応させるかという問題でもある。

さてそこで、住宅を例にとってこれを考えてみよう。これまで完結した全体を住宅として考えていたが、それを空間のあつまりということで考え直してみると、住宅の空間組織は家族室を中心にして、幾つかの個室がこれに付属し、台所や浴室が取りついているという構成であることがわかる。この場合、家族室（family public）と、その他の部屋の間には、ある結合関係が認められ、序列があって、そのわずかの差が、住宅という空間組織のなかでは、それぞれの住宅の個性となってあらわれてくるといえよう。

いまこの住宅で、子供室を増築すると仮定した場合、この空間組織では、子供室をつけ加えるべきグループのところに必要な数だけ増せばよい。すこしも子供室を加えたからといって、住宅としての空間組織の体系は破壊されはしないし、損なわれはしない。

また逆に不用になった空間をとり去る場合、それが無いからといって、住宅として成りたたないというものではない。

さらに、新しい設備と交換するという際にも、問題は全くないといってよい。台所を改築したり、浴室を新たに更新するということが、ごく自由に行なえるようになっている。

空間組織として考えるということの意味は、このような、増改築更新を自由に行なうことができるということを示すものである。ここで注意しなければならないことは、もしこの住宅で家族室を取こわしてしまうとどういうことになるかであろう。

つまり空間組織の中心となる主たる空間は、そう簡単にとりかえることはできないのであり、これを無くしてしまうということは、住宅の存在が否定されたときであろう。家族にとっても、家族室がなくなることは、その家族の消滅を意味する重大問題である。したがって、そういう空間は、この住宅を住宅たらしめているものだといってよいであろう。家族室は、かけがえのない空間だということである。これと同様に、都市やコミュニティにおけるパブリックは、その社会、その環境にとってとりかえることのできないものであるのではないか。この場合の住宅は、とりかえることのできるものであり、住宅のなかの家族室以外の空間もとりかえることのできるものであるということができるように思われる。

空間装置・生活装置・設備装置

空間組織にたいして時間の要素をいれると、かけがえのない空間と、とりかえることのできる空間のこのような二つに分けて考えることができるかもしれない。しかし、そこでかけがえのない空間は、明らかに空間としてみることができるが、厳密にいえばとりかえるという空間の場合、果たして空間といえるのかどうか検討の余地がのこされているように思う。

それは、とりかえるというとき互換性がその前提にあり、生活に適応して更新していくということがすでに含まれていると考えられるから、空間というより道具的なものという風にこれを見ることができると思われる。そこで空間組織によって体系づけられたところの、かけがえのない空間を、空間装置と呼ぶなら、生活にしたがいとりかえることのできる道具的なものを、生活装置とすることができるように思われる。

すなわち建築は、空間装置と生活装置の相互関係によってつくりだされ、空間装置は、生活装置を代謝させながら、人間生活に適応していくのであるということができる。

また住宅の例に立ちもどって考えてみよう。つまりこれは家族室を中心とする組織をもった空間装置は、個室や台所・浴室という生活装置をとりかえながら、家族生活の要求に適応するのだということになる。こういう建築にたいする考えかたを、もしとるとすれば、この考えかたが、これまでの歴史をよく説明しうるかどうか確かめる必要がある。また一方現実の住宅の設計に、有効性を発揮しうるかどうかをみる必要があろう。

前者については、川添登のすぐれた洞察があり、後者についてはスカイハウスをあげたい。そこで十分、空間装置と生活装置による建築のとらえかたが確認されるのではないかと思われる。

では二つの装置だけで十分かどうかをつぎに考えてみることにしたい。二つの装置以外には考えられないかどうかをみてみると問題がまだ残っていることに気付かせられる。それは設備についてこれをどう考えるかという問題である。たとえば住宅で浴室を考えるとき、浴室という生活装置を必要な位置におけばよいと考える。しかしこの浴室のムーブネットを使うには、給水・排水・電気・冷暖房等の配線配管があらかじめそこに用意されてなければ、機能しないであろう。つまり生活装置を自由に利用するためには、そこに設備のネットワークがあらかじめ施設されていなければならないのである。もちろん施設は、より広い地域全体につながり、総合的な施設である場合もあり、また一戸だけのこともあるといえよう。いずれにしても、そこに設備装置が設定されていなければならないのである。

設備装置が重要な位置を占めてきはじめたのは、最近のことであって、それまでは空間装置と生活装置の二つの関係にすぎなかったものが、今日明らかに、空間装置と生活装置に加えて設備装置のこの三つの装置の関係によって建築が成立するということになってきた。つまり、空間装置から、設備装置ならびに生活装置を抽出しこれを代謝させながら、人間生活に適応させようとしているといえるのである。設備装置は下水道、電気、地域冷暖房、あるいは今後予想のチャンネルもこれに含めることができるだろう。

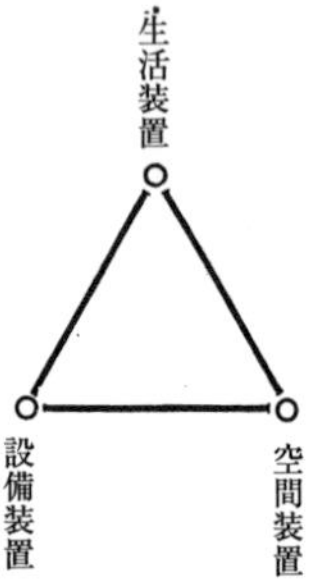

装置の三角構造

このような三つの装置による代謝の機構については、別の機会にゆずるとして、このような建築は、代謝できる環境の装置である、ということができる。

三つの装置の考えかたは、(1)建築の空間というものを明確にする。(2)建築に空間的秩序を回復する。(3)建築環境の独立性を暗示する。(4)建築の進化を工業化を通じて推進する。(5)社会および個人生活の自由と選択を可能にする。(6)そういう生活の多様化の上に、新しい市民社会の環境の創造を予感させるのである。そしてこのことは現代社会の中に、現代建築を人間の建築として、新たに位置づけし直すという期待をもたせるに至るものであろう。

ムーブネット

代謝装置において、まず考えられたものは、生活装置としてのムーブネットという概念であった。ムーブネットは、ハイアラーキーをもった概念であって、ムーブネット（movenette）という言葉は、一九五七年から言いはじめた造語である。川添登の分類にしたがえば「生活のための代謝できる道具的装置」ということになる。いいかえれば、現代生活の道具ということである。

現代建築のなかに、ムーブネットという実体を想定することで、空間組織を構造的に問題にすることを可能にした。部屋は住宅において、ムーブネットとみることができた、住宅は塔状都市から見た場合ムーブネットとなる。このような空間的相対的概念をハイアラーキーをもっているといっている。また時間的な代謝更新という前提から、時間的ハイアラーキーも落とすことはできない。

このような生活装置を、空間からはたして抽出できたものであろうかといえば、かなりよく歴史的に、生活と装置との関係がつかめるように思われる。装置の進歩とともに、生活様式が変化しており、生活の変化が、装置を進歩させてきた。決して生活と装置はバラバラに分離したところで発展したものではない。

たとえば、母屋と下屋との間には、主となる空間と、生活に必要な部分との関係が、きわめて明確に分離され、分離されることで、緊密な結合方法をそこに示すことになったものである。

川添登説によれば、平安時代における座という道具が、いつのまにか平安時代になると、部屋にしきつめられて、空間的な素材としての畳というものに変貌している。一方、空間的な便所が、次第に便器という道具的要素を深めてきているというように、そこでは、座の合理性の追求ないし機能の分化という形では、畳はでてきていないのである。つまり道具をどういうようにとらえるかという問題があって、生活においてとらえ直されるときに、はじめて大きな変革が生じているとみてよいと思うのである。つまり変革はどのようにしておこり、どうそれが結果しているか、これが問題にならなければならない。機能でこれをいうなら、どういう機能が、生活にとって重要となっているのか、そしてそういう機能をどうとらえるのか、それをどう実体化するか、つまり技術によって、どのような道具として、実体化するかという、ここでも方法論は欠くことはできないのである。

生活の機能を、どのようにとらえるかが、もっとも基本的問題でなければならないということである。これまでの歴史的な進展を通じて、建築での生活機能は、いろいろの概念と実体を育ててき

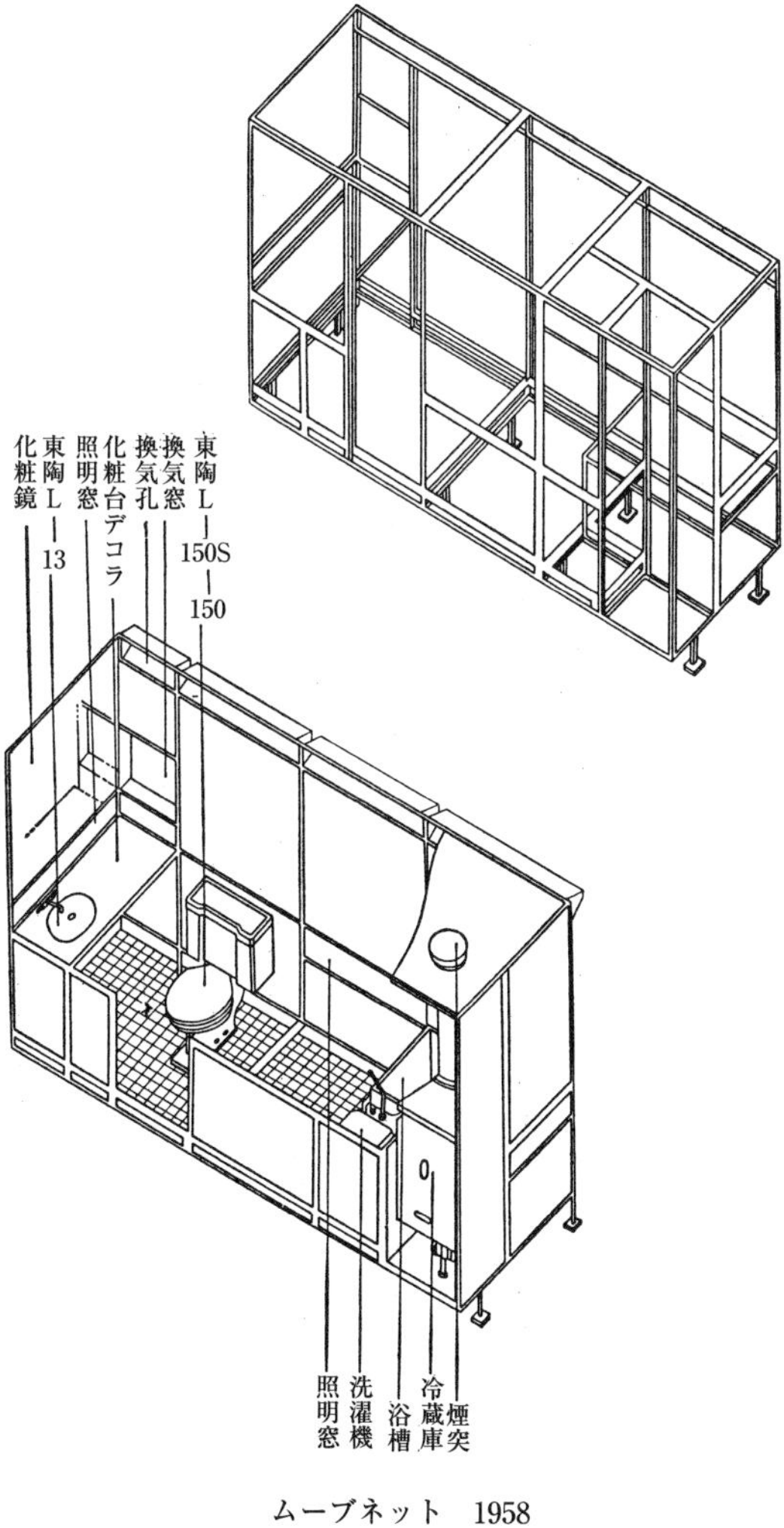

ムーブネット　1958

ている。台所という場合、われわれは、そういうスペースを含んだ全体として受けとってしまいがちで、そこでの現代における矛盾を見落としてしまう。

また江戸時代における引越しでは、畳、建具を一緒にもっていったということは、動かない部分としての空間と、動く部分としての畳、建具を非常によく分離していたことを示し、しかもその互換性によって共通の生活の道具であったことがわかる。ムーブネットとは、このようにとりかえることのできるものであり、動かすことのできる装置であって、そこに共通の普遍性が付与されてくる。たとえば住宅で考えてみると、個性的な部分は、個室にあるように錯覚しがちであるが、個室はそのものを、そのものたらしめているとはいい難い。

かえって家族室に独自性が強く認められるものである。そこで共通性をもつ部分を取りだしてみると、(1)個室関係、(2)設備関係、(3)その他に分けられる。

個室関係には、寝室、子供室、書斎等が含まれる、設備関係では、浴室、便所、台所、ユーティリティ等であり、その他には、霧よけ、玄関、テラス等があげられよう。

歴史は、これらの部分が、単に目的を達し、能率を高めるということでは無かったといえる。あくまで生活との対応の中で、空間装置と生活装置あるいは設備装置の相互関係において、進展してきたものである。そういう意味では、ムーブネットは、単一機能ではなく、生活に対する複合機能体であるというのが第一の原則となってくるだろう。たとえば台所をとって考えてみると、流し、レンジ、冷蔵庫等、食事に関するいろいろの機能を包括した装置になっている必要がある。そうして、つねにもっともすぐれた最新の現代技術がそこに用いられていなければならない。

つぎに第二の原則は、体系的構造をもっていることである。機能相互の間に重要なものから順次、序列化され、組み立てられていなければならない。そこには部品交換のシステムが幅広くとりいれられ、自己代謝を行ない、更新し、再生できるメカニズムをもたねばならない。第三の原則は普遍的共通性をもつことによる互換性が必要である。浴室のムーブネットという場合には、独自の装置ではなく、他の住宅にも、ホテルにも使用でき、適合するものでなければならない。

このことによって、工業生産の対象とすることが出来、その結果その質的水準を向上させ、経済性を追求し、大衆の道具的存在たらしめることが初めてできるといえよう。もしとり替えようとすれば、容易に簡単にとりかえることができるようになっていなければならない。

以上のようなムーブネット（生活装置）によって、空間装置との間に、より人間的な、そして社会的な関係をつくりだしていくことになるであろうと思われる。そして、そういうムーブネットが明らかにしていくものは、ほかならぬ建築の本質としての空間である。

ムーブネットという概念は、究極的には、建築を動くもの、交換できるもの、循環するものにしてしまうであろう。そしてついには、建築を生き物として規定しようとするであろう。これが代謝できる環境の装置という定義につながるものである。そのためには、ハイアラーキーをもった相対的概念であるということ、が形式的な装置の理解ではなしに、建築の構造をつかむ一つの概念であることを、われわれはつねに思いおこさなければならない。

代謝と進化

現代の状況

いまや末期的症状を呈している大陸文明、そしてその表象としての諸都市の腐敗と混乱に対し、海上都市の提案によって、われわれがいま迎えつつある新しい文明の時代が、いかなるものかについてのべて以来、はや十年を経過した。

それは、科学・技術の飛躍的発展によってもたらされた革命的変革であり、変化は決して自然科学のなかだけに留まるものではもちろんなく、政治、経済、社会に強烈な影響を与え、芸術領域まで含めてあらゆるものを根底から揺さぶるような力をもっていた。これが二〇世紀後半の科学の特徴といってもよいだろう。このことを「こうして宇宙と原子、原子から生命、それから人類、それから社会と、次第に一貫して物質観で貫くことができつつあるという時代にわれわれは到達してきたのである」と武谷三男先生は現代思想のなかでのべておられる。当然このような力は、建築および、都市にも波及してくる。

はじめは形態的な変化があらわれるであろう。しかしそういう形態的な変化の諸相のなかから、やがてひとつの法則性がみいだされ、法則性相互の関連の上に、本質的問題が問われるという変化の過程が、建築や都市を襲い、建築や都市を変革させずにはおかないと考えられる。その未来のひとつの姿が、わたくしののべた海上都市一九五七であった。

建築の主要部分はその耐久力を一〇〇年とも二〇〇年ともいわれている。

どういう建築を問題とするにしても、建築家は少なくとも耐久力に見合う将来の問題を、問題にしないで済ますわけにはいかないのである。本質的に未来の問題を問題としてもっているといってよい。その場合、今日、現実におこっている、かつて想像もされたことのない新しい変革の時代において、建築および都市をどう考えるべきか、われわれはいま、建築とはなにかを、あらためて問うことから出発しなければならないと痛感される理由がここにある。それは、語源的にどうとか、概念として適切かどうかというような問題ではまったくない。文明史的に、人間生存の人工環境として、建築および都市を、いかなる役割としてとらえ、どういう意味を与え、いかに位置づけるかということの問題なのである。そうすることによって、かつてオパーリンが生命の起源でいったようないいまわしをすれば、われわれは社会のながい歴史の歩みから生まれた自然の都市より、もっと完全で、もっとすぐれたものを、もっと短期間に、人工の都市としてつくり上げることができるようになろう。

それが海上都市の提案にほかならない。

では、そこでとらえられた建築ならびに都市は、いかなるものとしてイメージされたのか。建築の歴史的変化を問題にするとき、ただ単に変化するという意味で進歩というふうにとらえることは不適当のようである。むしろ外的環境条件の変化に対応して内部の体制の変化がおこり、またその逆の場合もあるであろう。このような相互適応のなかに建築が変化していくという現実の過程からすれば、進化という方が適当であろう。

進化というとらえかたは以前から建築にあった。たとえば伊藤忠太先生の「建築進化の原則よりみた、わが国建築の前途」という学会講演のテーマにも見いだされ、そこで「建築というものを――生物にたとえて――すなわち建築はなお生物の如くメタモルフォスをするものであり、生物に生命があるごとく建築の生命にも限りがなければならぬ。すべて生物と同じような性質のものであろうと思う」という意味のことをのべ、つづいてスタイルの問題にふれ、その発生、過程、形式についてのべられている。その内容からいえば、スタイルは型「かた」でありタイプであって、すでに建築の進化についての方法論の問題まで、進化主義の建築としてここにのべられているのである。建築史を問題にする思想と方法が、このようにのべられていることに驚かされるが、さらにわが国独自の進化主義の建築の必然性を予想された、その洞察力に敬服させられずにおられない。

こうした先見性は、現実の建築を、進化という動的概念で正しくとらえたところから結果されたもので、歴史を単なる形態分類ないし様式分析の学問としなかったところにあるといえよう。今日

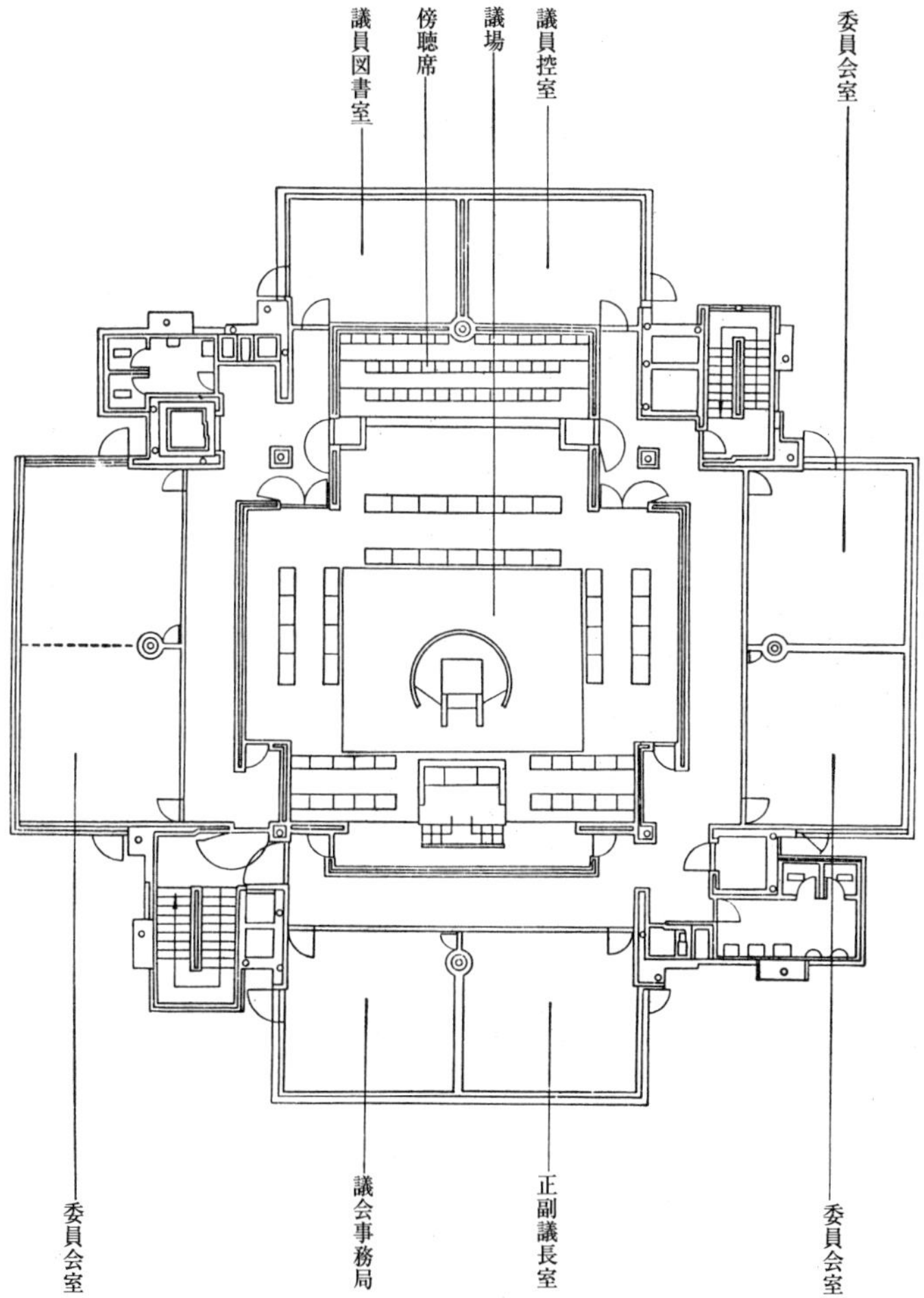

館林市庁舎5階平面図 1963

建築の発展は、∧建築の進化∨としてとらえられねば、正しい認識は生まれないということがますます、はっきりしてきた。

代謝装置

建築および都市を、人間のつくりあげた人工環境とすれば、人工環境とは「人間生活に対応する装備」というようにこれを定義することができるだろう。

この定義にしたがえば、建築の進化は、対応する装備の進歩であり、対応する装備の進歩は、物質的代謝機構の体系的獲得と、その制御機構の高度化にあるといえるだろう。言い換えれば、たえまない自己更新と、自己保存のための適応反応が、物質代謝であり、人工環境は、そういう代謝を可能とし、うながすような機構をそなえ、その制御機構の高度化として、とらえられる必要があるということである。もし建築の歴史をとらえようとするなら、この物質代謝の発展こそ有力な手段であり、これを社会的条件と照合した、代謝型の複雑性、エネルギー利用の効率、調節機構の発展などにおいてとらえ、これを歴史を判断する基準とすべきものである。

物質代謝機構の発展過程は、型の発生（typogenese）、型の代謝（typostase）、型の進化（typolyse）の三段階でこれをとらえることができる。そしてその過程は、環境の変化によって積極化され、これがまた新しい環境をつくっていくことになるのである。この第一段階としての型の発生は、社会環境の大規模な変革によって新たにみいだされるもので、この段階は比較的急速に経過する。これにつづく第二の段階は、比較的安定した漸進的な時期で、長い時間の経過の間に、建築ならびに都市はゆっくりと進化し、その間多くの派生的種類を分岐させながら維持発展をつづける。これが「型の代謝」の段階である。

第三の段階は「型の進化」で、第二段階以来の発展がその絶頂に達し、多種多様に分化し、ついには新しい環境の変化につながっていく段階である。かりにいま、ここで「型の発生」「型の代謝」「型の進化」という型の展開を、わが国の現代建築史にみてみると明治時代は西欧建築の輸入移植の時代である。これまでの木造建築とは異なった、石造、レンガ造の建築の形態が、形態的にまずはいってきた。したがって、レンガ造のほかに木造に石板を張り付けるという石張付木骨造や、木骨下見張洋館が明治初期にはつくられている。この例を日比谷官庁計画や、三菱丸の内計画にみることができるが、その代表的なものは銀座街レンガ建築であろう。これらの例にみるとおり、わが国の建築にとって、これはまさしく新しい型の発生であった。

これに鉄筋コンクリート造が、明治後期に輸入され、まず土木から、建築それも倉庫に利用されるようになり、大正時代にはいると、急速に高層建築物（地上五〜六階）にまで普及し用いられるようになっていく。大正一二年の関東大震災を境にして、このような一応の技術的素地の上に、次第に型が社会に定着しはじめる。そしてさらに昭和にはいり、ル・コルビュジエやワルター・グロピウスらの建築が招介され、ここに活発な型の展開がみられることになる。ここには、日本の建築を変革した一〇〇年の歩みがあると同時に、いまわれわれは、これらのことから現時点は型の代謝の段階におかれており、ゆるやかな発展を多岐多様な展開のなかに試みている段階である。そしてきたるべき型の進化の段階への準備をなしとげつつあるのだということを知らされるのである。

私はとくに第二次大戦後の時期における科学技術の発展(原子物理学・高分子化学・自動制御機構)という環境の変革と、建築および都市に求められた社会的条件の変化によって、建築が進化にむかってつきすすむ段階にあるということをここでさらに指摘しておきたい。

それは、工業革命といわれる現代の条件のうえに、新しい人工環境としての型が要求されているということであり、代謝装置の機構としては、まさに代謝が活発に行なわれるような方法を徹底的に問題にする段階であって、きわめて急速に型は完成に向かうものと考えられる。メタボリズム・グループの指摘する現代の問題は、いずれの段階にあるかの認識を別にしても、建築ならびに都市を、物質代謝の機構としてとらえようとするところにあるといってもよい。それは創造性も伝統性も芸術性も、ともに重要な問題ではあっても、その基盤となるべき建築ならびに都市の本質をとらえることにはならない。しかもなお個体内部の問題として、考えることはもはや現代において許されないのである。これが現代において意味をもっているというのはそれは現代を進化させるものとして有効であるからである。

環境空間の進化

ここで、これまでの問題を整理してみると、

(1)　現代の科学、技術の発展のしめす環境条件の革命的変化において、建築ならびに都市は、真に進化という概念でとらえられる発展によって適応していくという認識が、明確に出てきているということである。

(2)　そういう現代の建築ならびに都市は、文明史的にいえば、「人工の代謝装置」と定義することができる。

(3)　ではそういう現代の代謝装置の機構は、どういうものかを問題にしなければならない。このためには、型を歴史に求め、現時点がいかなる型を必要としているかをそこから知ろうとすることが必要である。

(4)　いまや新しい型が求められている時代であり、代謝型の発生の段階にある。

(5)　こうして新しい型を出現させることによって、建築ならびに都市は前進し、新しい社会に適応するものとしてつくりだされる。と同時に、それ自ら新たな環境となって、ひきつづいて建築および都市の進化をうながすということである。ここでふたつのことについて、さらに補足しておか

ねばならないと思う。

それは代謝装置の意味する範囲と、代謝装置を成立させる永続的なもの——かりにこれを型の種とすれば（生物学的には種）型の種の問題、すなわち空間についてである。

代謝装置の示す範囲は、制御機構からエネルギー機構までのすべてを包含するものであるということであって、時間的、空間的、スケール的に長短、大小の相互関係はあっても、文明史的には、そのすべてを代謝装置としてとらえることが必要なのである。そうでなかったら、建築の進化過程を正しくとらえることができない。

代謝装置として考えることを許す永続的な型の種について、これをどう考えるかという問題は、環境の本質的かつ究極的問題である。人間が形態的に変化しないかぎり、型の種は存続するという意見を私はもっている。これが歴史的な建築を見る目となり、建築の永続性の基本的考えかたとなるものである。

しかしあくまで、これは巨大な架構が永続性をもつというような、素朴な形態論としての問題でないことはいうまでもない。蓄積し存続する型の種としての空間にたいして、ようやく問題とし、ここにアプローチしなければならないことがわかってきたのである。

Ⅵ　建築家と思想

設計をささえる論理

〈一九六四年日本建築学会公開記念講演〉

建築思想の変革期

最近よく建築に思想がないということが言われますが、建築のこの無思想性の問題は、いいかえれば近ごろの建築の様相が、いかにも混乱しているように見えるというところにその原因があるかと思います。そこで思想と建築家の問題について少し考えてみたいと思います。

建築における思想の問題というのは、デザインのもっとも基本的な重要な問題であろうと思います。そしてこのことは、思想が基本にあるという考え方の重要さということと、自分の果たす役割、自己制御といいますか、そういう主体性を確認するというこの二つの問題をもっているわけでありまして、もし現在の建築が混乱しているように見えるということ、つまり思想が無いように見えるという現状は、この二つの問題が、問題になっていないのではないかという証拠なのだろうと思うのであります。しかしそれは簡単に思想をもつことが重要であるという結論を導くことになりませんし、まして日本にはもともと思想というものは無いのだというような考えと結びつくのでもないのでありまして、わたくしはこういう現状に対して、思想的変革期にあるというとらえ方をしたいのであります。

したがって結論から言うなら、現代は新しい思想がデザインの基礎となることが求められておりまた、特にデザインに思想が求められている時代なのだとわたくしは考えるのであります。丸山真男氏は「日本の思想」の中で思想の問題をいろいろの角度から扱い、日本は「今にして初めて本当の思想的混迷を迎えた訳である」と述べておられます。建築において、はたしてそうでしょうか。

建築の歴史をふりかえってみますと、ある歴史家は技術が建築を変革してきたというふうに言いますし、また一方、芸術思潮が建築の変革の理由だという考え方もあります。

最近は状況論といいますか、偶然的に変わるべくして変わったというような、見方によってはかなり安易なものの見方もなかに出てきておりますが、いずれの立場、見方をとるかは自由でありましょうが、少なくともそういう見方は同時に現実の建築デザインの問題を解決するのに、なんらかの有効性をもちうるものでなければ意味がないと思うのであります。

単なる解釈とか説明では意味がないし、デザインの役には立たないのであります。事実、近代建築に登場した有名な三つの鉄、コンクリート、ガラスという素材についても、もちろんこういう素材が近代建築を作りあげたのでもなければ、そういう技術が建築を変革したのでもありません。なぜならそういう素材を初めに大胆に使ったのは建築家ではなく、構造家であり、土木技師であったからで、これは皆様よくご承知のところであります。

建築家ははじめ部分的にそういう素材あるいは技術をほんのちょっと装飾的に利用したのにすぎないのであります。まして近代建築をつくりだす、基本的素材として考えるなどというようなことは、五〇年ほどおくれて一九〇〇年代になってから初めて出てくるのであります。では何が建築を変革したかといいますと、わたくしはそれは思想であると思うのであります。鉄、ガラス、コンクリートという素材、そしてそれらの技術を、近代建築の思想が強く要求し、そこではじめて建築において近代材料が出てくるというふうに考えるわけであります。

建築家としてデザインの立場、ものをつくる立場にたって考えれば、これは当然のことでありますが、不幸にしてわが国の近代建築の思想は、そういう主体の問題としてというより、完結した形態として技術が輸入され、影響してきたように思うのであります。したがって、丸山氏の言葉は、建築においてもこの事情をよく指摘しえているように思うのであります。

設計の論理

わが国では「折衷主義の思想」ということがよく言われますが、しかし、折衷主義の思想からは、現実を進展させるようなエネルギーはいつまでたっても出てこないと思うのであります。

では思想とはなにかといいますと、思想という言葉が、わが国では一九二〇年ごろのマルクス主義の特殊な影響のしかたから、多分にわい曲されたきらいがあるように思います。しかしその本来の意味は、行動の原理でありまして、一つのものをなしとげようとするためには、矛盾のない行動がそこに必要であります。つまり一貫した自己の行動の原理が必要とされるのであります。これが思想というものであります。建築デザインのような積極的活動、創造的行動においては、こういう行動の原理、設計の論理は欠くことのできない基本的なものといわねばなりません。したがって建築は当然そういう思想の反映であると思いますし、思想のない建築とは、矛盾と混乱をもった建築であるということになるのであります。では混乱に見える建築は、思想がないためのものか、それとも折衷主義の思想によるものということになってまいりますが、その両方であろうと思います。

それはつねに思想の変革が、建築の歴史を大きく変えてきているからであります。

ギリシア建築が神殿によって簡潔・明快な統一と、その秩序の構造として様式を追求したとき、その時代までのペルシア、エジプト、メソポタミアの建築とは、根本的な変化がそこに生まれているのであります。この時代には征服した地域の広さ、権力の及ぶ範囲について、なんらかの統一を表象するということが建築に必要であったと考えますが、そういう異質の文化相互の間に美的統一を計り、秩序をつくりだすということは当時の建築家の課題であったと想像されるのでありますすが、各地に現象として存在する形態を、一つの統一された秩序にまとめ上げるということはきわめて困難な課題であったろうと思われるのであります。

その場合に、技術はかなり断片的にも総合することは恐らく容易であり、そういういろいろの技術相互の間から、より効果的に目的を達する手段を見いだしたであろうと思われますが、統一する原理、つまり思想が成立しなければ、ギリシア建築様式はつくり出しえなかった筈だと思うのであります。当時の一般思想としてとくに他の時代に異なって興味をひかれる問題は、武谷三男氏が、「文化論」の三つの対話の中であげておられます、天体に対する遊星系の考え方と、世界の根本物質に対する考え方「アトム」であろうと思います。すなわち「単に天体観測をどんなにしても、遊星系という宇宙像はそこからは出てこない。同じようなことはユークリッド幾何学においてもよく出ている」と述べておられますが、当時の農業から飛躍して成立している都市生活にもこれは見られるわけですが、こういう考え方の発展は、客観的な原理の上から発展させる以外に生まれてこないものであろうと思います。

自分たちの征服した地域の諸形態を、いくらつなぎあわせてもギリシア建築は出てこない。その統一者として客観的にこれらを見るという立場があったのではないかということ、これが真に様式を成立させたものであり、思想の発生であると見たいわけです。

そうでなければおそらく装飾におぼれ、異文化を折衷したグロテスクなものになって、ああまで見事な柱、屋根、床といった建築の本質的問題に肉迫するような統一されたギリシア様式はできなかったと思うのであります。また世界の根本物質、土、水、火、空気というような、もうこれ以上は分ち難いようなものを考えるという基本的構成要素、建築でいえば、現象的形態にとどまらず目に見えない単位寸法の比例とか、シンメトリーというようなことがあって滝沢真弓氏の「パルテノンとピタゴラス学派」の論文にも見えるとおり、統一にあたってこれを根本的に追求している。これがあるからこそギリシア建築の様式が古典としての高い意味をもちえたのではないかと、わたくしは思うわけであります。

ところがこれがローマ、ゴシック、ルネッサンスと後に続く時代になって参りますと、様式は、固定化して考えられるようになって参りまして、形態的にまたひどく形式的になってくる。平面にしても外観にしましても、技巧的な面、装飾的な面が目につくようになり、多少の技術的進歩は見られますが、いわゆる形式的な問題が中心となり、重心がそっちの方に移ってしまうわけでありま す。様式主義の建築は、こうして形式を中心とする思想に沈殿していったのではないかと思われるのであります。一方においてこれは一部権力階級に奉仕する建築家の思想のかぎりにおいては、とりたてて、なんという破綻《たん》もその実践において、なかったのではないかと思われるのであります。

形式的様式主義の思想では、建築の変革はできなかったのではないかと思うのであります。ところが十八世紀末になりますと建築をつくり出す上で深刻な矛盾が始めて出てくるのであります。鉄道駅、百貨店、市場、工場等というこれまでにはなかったような種類の建築、つまり特定権力階級の建築にかわり、公共の建築、すなわち社会的な要求を満たすような大衆の建築が建築家に求められてきます。

よく教会のような駅とか、宮殿のような百貨店といわれますのは、この頃の建築思想の混乱を表わすものでありまして、様式主義の建築の考え方では、うまく処理することができない。また当時の、鉄とかガラス、コンクリートという新しい建築材料にたいして、これをどう使ったらいいのか、どういうふうに使うのが正しいのか、さっぱりわからないということになるのであります。

機能主義から実体主義へ一九〇〇年から活発になるゼセッションは、そういう混乱した変革期における新しい思想の芽ばえであったわけであります。

建築家ルイス・サリバンは、様式主義思想と現実の矛盾から機能という面をとりあげ、そこで「形態は機能に従う Form follow function」ということをいったわけであります。駅は駅らしく、教会は教会らしく、コンクリートはコンクリートらしく、それらの機能をもっともよく表現する形の追求という考えを現実にぶっつけたのであります。

機能主義の思想は、様式主義によって抑圧されていた人間および社会の機能を解放しようとしたのだと思います。この建築の思想の変革によって、鉄、コンクリート、ガラスは新しい機能主義様式の確立に、効果的役割を果たす素地を得たとわたくしは考えるのであります。ル・コルビュジエの「住宅は機械である」という言葉は、ライトの「有機的な建築」という言葉と同じく、機能主義の建築の到達する目標を示したのではないかと考えます。しかしもう一人の機能主義の天才建築家であるミースは、「単純ほどよりすぐれている less is more」ということをいっておりまして、機能主義の問題をつきつめようとしたと思われます。

一つの目的を達成するためには、いかに多くの機能をシグマーするかが問題でありまして、言い換えれば、ある機能に焦点を絞り、機能を単純化すれば、単純な機能に対応する形態というのは、それだけはっきりした明快なものになってくるわけであります。例をあげるまでもなく、彼のシーグラム・ビルをみましても、プロモントリーアパートメントをみましても、この単純な機能と明快な形態の対応関係が、どのように強い印象を与えるものかを、よく理解できるわけであります。

わたくしはこれをこういう機能主義の思想によって達成されたタイポロジーの建築として、機能主義の一つの段階とみたいわけであります。

戦前国際建築といわれて影響力をもった建築の思想は、機能を単純化するというこのタイポロジーの建築の考え方でありまして、これを前期機能主義といってもよいかと思うのであります。

では前期機能主義の考え方で良いのかと言いますとやはりどうにも解決のできない矛盾が出てきております。それらの中のもっとも大きな問題は二つほどありまして、一つは都市問題、もう一つは工業の問題ではないかと思います。この現代建築にとっての問題は、現在あらゆる建築、あらゆる地域に同時に発生しておりまして、機能主義のもっていた国際建築という旗印は、いま都市という現実、工業化の進展という壁が実践において、問題視されて行きづまっているということであります。このような問題の解決なしには一歩も先に進めない、わたくしが特に後期機能主義の段階であると現代を考える理由であります。したがってわれわれはいま機能主義の思想を現実にぶっつけ、そこから新しい思想をとらえなければならない時点におかれていることになるのであります。

そして矛盾の中から新しい思想をつくり上げない限り現実の混乱は解決されないのであります。

もちろん都市問題については一九〇〇年あたりからトニー・ガルニエの工業都市の計画に始まり、コルビュジエ等によって一九二八年CIAMが結成され、アテネ憲章が出される等、基本的理念としては相当戦前から問題になっていたわけですが、実践に移されるのは、戦後のドクシアデスグループの中近東諸国における計画、あるいはチームXのスミッソン、キャンディリス、ジョージック、ウッズ等のベルリン計画、ロンドン計画といった理論活動さらには、コルビュジエのインドの実践、ブラジリアのニーマイヤ等の計画の具体化等によって、初めて理論が現実と接触し始めたわけであります。そこでご承知のように機能主義の思想である機能の単純化を適用するのは、非常に限られた部分では有効でありますが、都市問題のような複雑な機能の入り組んだものを入り組んだままで取り扱う場合には大体うまくあてはまらない。ましてそれぞれ歴史を異にした市民の生活、社会経済機構、違った文化に対して共通の単純機能を抽出していこうとすることはいいとしても、地域環境をつくりだすのはいかにも無理で、タイポロジーの建築の思想では解決できないことの多いことがわかってきたのであります。

ブラジリア等は、かなりわかっていないように思うのですが、方々で大体わかってきている。前期機能主義の思想でも、まして折衷主義の思想では、建築、都市の当面している矛盾を克服できないとなると、なんらかの新しい思想を発見しなければならない。そのためには歴史的思想の変革が真に学ばれる必要があり、また現実の矛盾こそが解決の糸口となるということを、はっきり意識することが必要だと思うのであります。

よく現実の都市の混乱について、混乱の中に明日のバイタリティがひそんでいるというようなきわめて楽観的意見を聞くことがありますが、混乱が単なる混乱であれば、バイタリティがあるだけ救いがないのであります。

混乱に拍車をかけているのが産業独占資本下の工業の進展であります。後期機能主義の新しい思想の求められている現状は、地域社会が工業社会によって画一化されようとすることへの反発にある。おそらくそれぞれの現実の実践のなかからしか、その成果は生まれえないものであろうと思います。では混乱を秩序に結びつけうる新しい思想とは、どういうものになるかといえば、これは現実の都市問題に解決の方向を与え、工業化を積極的に包含するような理論であり、思想でなければならないと思うのであります。見回したところ、まだ、これという新しい思想は見当たらないようです。

メタボリズム——代謝空間

ここでわたくしたちがすすめようとしている〈メタボリズム〉という思想は何かということになってまいります。メタボリズムというのは生物学的用語でありまして、ご承知のように新陳代謝という意味であります。

これは建築都市を生成発展する過程でとらえ、新陳代謝できる方法を、デザインに導入しようという考えでありまして、ここから一つの秩序を見いだそうという考えかたをいうのであります。物を発展においてつかもうという考えは、ギリシア哲学以来あるわけでありますが、これを建築・都市において考える場合、どういうようにとりあげるかといいますと、基本的には、とりかえるということをくみこむことになるのであります。しかしなんでもかまわず無茶苦茶にとりかえるということは、やろうと思ってもできるものではない。

とりかえる場合には、何がのこり、何をとりかえるかというケジメをはっきりさせなければならない。この問題と、とりかえるものの相互の間にとりかえのシステムの問題がよく考えられていないとできないのであります。つまり前期機能主義は系統発生的問題を中心としていた三次元世界だったと思うのでありますが、ここでそれにとりかえを中心とする更新・交替の理論つまり個体発生的問題を加えて四次元世界で建築・都市を考えるということであります。建築・都市のデザインで、計画の思想として、この更新・交替の理論が、機能主義理論とともに、そのベースになっていなければならないと私は感じているわけであります。

メタボリズムがとらえようとしている思想は、時間的秩序を機能主義に加えて考えるということでありまして、そうでないと、建築にしても、都市にしても、生成発展がなく、大衆社会生活の自由な意志がそこに反映されないと思うのであります。さらにいうなら、機能主義がたたかいとってきたところの成果をくみこんだ、包括的論理を新たにつくりだすことにあるといえるのであります。そのために、建築あるいは都市を、実体としての構造で問題とし、わたくしはそのなかで、とりかえる部分ムーブネット(動かせる単位)を抽出していこうとしているわけです。

とりかえる部分を抜きとってしまうと、一体なにが残るのか、あるいは残さねばならないものはなんなのか、という問題がでて参ります。また、とりかえのシステムが当然考えられねばなりません。あるハイアラーキーをもった、部分と、部分相互の関係が追求されることになるでありましょう。そこから建築の組織構造というものが、ついにははっきりしてくることになるのであります。

さらにまた、∧とりかえる∨ということを通じて、建築が社会に適応していく過程、つまり代謝を媒介として適応し、進化していくという、人間とともに進む環境としての建築あるいは都市を考えるに至るのであります。メタボリズムというのは、そういうデザインの思想でありまして、わたくしはそういうメタボリズムを考えているわけであります。

メタボリズム・グループの討論でもわかりますが、それぞれ異なった意見をもつ者のグループでありますから、ある部分では意見が一致しておりましても、ある部分で異なっているのであります。したがってわたくしがお話した、メタボリズムも、これは私のメタボリズムであります。

しかし、いずれにしましても、そういう自己の行動の原理、デザインの一貫した原理によってデザインをやることは、これは建築家の基本的態度であろうと思いますし、現代のデザインに求められている根本的課題であろうと思います。

この思想の問題というのは、わたくしがデザインの方法論として〈か〉〈かた〉〈かたち〉という三段階構造をとりあげておりますなかの、〈か〉に相当するものでありまして建築設計の本質的問題と考えておりますことを、ここでつけ加えたいと思います。そして現代こそ、新しい思想が、混乱を救うために、切実に求められている時代である、そしてそれは実践としての設計を通してのみ構築されるものではないかという問題提起をして終わりにしたいと思います。

（朝日講堂にて）

〈本書に収録した論文の掲載誌一覧〉

設計仮説——「建築」一九六一・一一
技術の出雲——「近代建築」一九六一・一
新しい形態と伝統——「建築」一九六五・一〇（ＡＩＡカリフォルニア支部一九六四年年次大会記念講演）
柱は空間に場を与え床は空間を限定する——「建築」一九六三・九
柱は空間に場を与える——「ａ／ａ」一九六四・六
床は空間を限定する——「建築文化」一九六四・一〇
素材論＝コンクリートは環境素材たりうるか——「ＳＤ」一九六七・一〇
色彩論＝建築における色彩の意味——「ガラス」一九六五・二
空気・光・音の統一＝目に見えないものの秩序——「建築」一九六五・一〇
建築設備諸技術の課題——「建築」一九六六・七
人工気候と人間——「建築雑誌」一九六五・一一
代謝と進化＝建築の進化——「新建築」一九六五・四
建築家と思想——「建築雑誌」一九六五・三（一九六四年日本建築学会公開記念講演）

〈参考文献〉

中井正一著　中井正一全集3現代芸術の空間（一九六四）美術出版社
武谷三男著　弁証法の諸問題（一九六三）理論社
武谷三男著　続弁証法の諸問題（一九六三）理論社
武谷三男著　自然科学概論1・2・3（一九五七—六三）勁草書房
高木純一著　現代技術はなにを示唆するか（一九五二）早稲田大学出版部
アンドレ・ジーグフリード著　杉捷夫訳　二十世紀文明の方向（一九五五）紀伊國屋書店
メタボリズム・グループ著　メタボリズム一九六〇（一九六〇）美術出版社
川添　登著　民と神の住まい（一九六〇）光文社
川添　登著　デザインとは何か（一九六一）角川書店

おわりに

ここに、ささやかな〈設計の方法論〉についての覚書をまとめることができた。〈か・かた・かたち〉という三段階を、非常にばく然と考えて出雲の庁舎の設計にとりかかっていたころから、もう一〇余年になる。

ここに学兄としての川添登氏の批判に感謝し、また川添氏に頂いた武谷三男先生の著書（弁証法の諸問題）にふれ、鮮烈な印象とともに目を開かれた思いがしたことをいまによく記憶する。以来武谷先生には、時々お目にかかって多くを教えられ、御教示を頂いていることを心から感謝したい。

また一九六〇年のデザイン会議は、きわめて多くの問題をわたくしに考えさせてくれた。なかでもルイ・カーンにじかに触れて、その哲学をメタボリズム・グループのみなさんとともにひざを交えて夜半まで語った経験は、忘れがたいものがある。

こうして、少しははっきりしてきた方法論をもとにして、現実の設計やレポート等で問題とし書いてきたものを集めたわけであるが、いざまとめてみると、考えるべきなお多くの問題が残されていることがわかり、意に満たない点も少なくない。その第一は、重複があることである。とくに方法論が次第にくみ立てられる過程で、具体的な問題にたいして解釈し、提案するというなかに、重複が目につく。しかし前後のレポートを見れば、かえって、方法論が次第にでき上っていくプロセスを眺めることができ一度に完成されるものではなく、現実とともに進展するものとして、方法論をみるなら、これもやむを得ないと言えよう。しかし出来るだけ重複を避けたいと考え、省略できるものはどちらかを削除しようとしたが、まだ不十分のそしりをまぬかれない。

その第二は、概念のずれがあることである。一冊の本として計画し書いたものではなく、折にふれ、問題に応じて約十年の間に書いてきているので、全体を貫く主張がうまく出せないうらみがあった。たとえばテーマごとに集めると、書いた時期が前後し、内容を時間の序列で並べてみると、テーマのランダムさやわずかのくい違いに困惑させられた。しかし大筋では、方法論の骨組のうえに、肉づけするという形で、いずれも書いているといえるから、用語や概念の若干のずれは許して頂くことにして、テーマごとにまとめる方法をとることにした。

その第三は、作品とコンセプトとは一つになって、はじめて意味をもつ。ここでは作品を丹念に示すことができないので、いきおい書いたものばかりになってしまった。おそらく、それこそ見ればすぐ諒解できるようなものも少なくないに違いない。がここではあくまで言葉で、それを表現しようとしている。そこに一つのもどかしさがあった。とくに〈かたち〉の問題をとりあつかう場合、これは障害ともいえるものではなかったかと思う。しかしこれは〈かたち〉そのものの問題も重要であるが、同時に〈かたち〉を成り立たせているその背後にあるイメージやコンセプトの問題もきわめて重要なものであるということをのべた〈か・かた・かたち論〉にしたがって、割愛させて頂きまとめることにした。

こうしてまとめて読んでみると、代謝建築（メタボリズム）の問題のひろがりが、改めて感ぜられ、そのほんの一端にいま立っているということを知らされるのである。代謝建築という概念と作品についてその発展が遅いという批判もあることを知っているが、わたくしにはこれからいよいよ始まるのだという気がいつもするのである。それは建築における、ある種の運動や、流行と異なり、現代建築の思想を構築していこうとするものだからではないかと思われる。

そしてこれは設計の論理をとおして次第に発現されるというものであろう。設計については別の機会に、その構造を明らかにしたいと考えているが、設計そのもののもつ問題の大きさ、深さについても考えさせられるところが多かった。そして当然のことながら、もっと広い視野でとらえ直し、別な視座からもこの問題を論じておく必要があることを知らされた。

こういう問題はあったにしろ、できるだけ誤りは訂正し、修正したつもりである。しかし未熟さのために、間違い、不十分なところ、あるいはまた欠陥といえる部分も多々あるのではないかと思われる。これまでに批判を頂いた川添登、藤井正一郎、宮内康といった方々に心から感謝しているがさらに諸先輩の忌憚のない御批判と御叱正を頂ければ、誤りを訂正し、これを機会にさらに考えていきたいと思う。

そして〈か・かた・かたち〉論をまとめるについて、一緒に考え、討論してきた事務所のみなさんに、そして原稿を整理してもらった藤原千晴さんに紙上をかりて感謝したい。

この覚書をまとめるに当たって、彰国社の金春国雄、長島新策、また全体のレイアウトに苦心して頂いた都崎覚明の諸氏の御尽力に敬意を表し、あわせて期限が大分遅れてしまったことにたいする寛大な御好意に対し心から御礼を申しのべたい。

一九六八年四月一日

空のいえにて

「復刻版」あとがき

このたび、かねてより多くの皆様から再版のご要望があった拙著が、復刻版として再版されることになった。絶版となりこれまで入手困難だったこの本が、再度皆様のお目に触れる機会に恵まれたことは、無量の喜びである。

設計活動を始めてから五十年以上を経た現在、時に「代謝建築」を「更新建築」と読み替え、同じ道を進んでいる。そもそも、私が「新陳代謝＝メタボリズム」という生物学的用語を引用した背景には、我が国の建築が木で造られてきた二千年以上の歴史と、精神文化や生活の知恵が蓄積されてきた影響が大きい。そこには、茶道、華道、武道など、師匠と弟子の家元制度のように、人を介してその流儀や伝統が継承されてきた参加型の文化がある。西欧のように創造と模倣を峻別することなく、○○流・○○調・○○風といった概念によって、すべての人々が文化の形成に参加できる仕組みが培われてきた。また、伝統的な日本の木造建築における解体・組み立ての過程では、職人の技や経験が受け継がれ、地域の文化が守られてきた。こうして多くの人々の知恵や経験が集積し洗練されていくプロセスを、より包括的なシステムとして捉えるのに「更新」という表現を用いてきた。

建築を取り巻く環境や取り組む課題には、変わらない面もあるが『代謝建築論　か·かた·かたち』初版当時と比べ大きく変わった面も少なくない。ガラスや高強度コンクリートなどの材料の進歩、チタン、カーボン、LEDなど新素材の研究開発、さらには構造や設備分野でのコンピューター解析技術の発達などにより、デザインの自由度は大幅に拡がってきた。一方で、文明の急速な発展は人間の環境に物質的豊かさと利便性とをもたらしたが、その代償として地球的規模での環境危機を招くことにもなった。技術の幅や奥行きが時代とともに拡大・高度化するなかで、資源の再利用や自然エネルギーの積極的利用など、自然の循環システムや宇宙環境までも考慮したエコロジカルな視点やマクロエンジニアリング的洞察が要請されてきている。最先端技術を新しい環境の実現にどう役立てていくかが、未来ビジョンの鍵となるように思う。

また、「更新建築」には既存建築物の保存問題がある。どういう建築を残し、建て替え、補修するかを考えなければならない。歴史的な遺産建築をどう選別するか、ただ単に古い遺構を残すだけでは、かえって発展の障害にもなりかねない。建築のある部分だけを残すかどうかについても、同じ問題として考えなければならない。「更新建築」として取り組む意味を考えた時、「感覚的段階（かたち）」・「論理的段階（かた）」・そして「構想的段階（か）」で見ていく「三段階の方法論」は、ひとつの指針になるかもしれない。

「かたち」だけの建築なら、外観に手を入れるだけで済むだろう。もし「かた」のレベルの問題なら、その技術やシステムの変更だけで済むかもしれない。しかし、「構想的段階（か）」についての取り扱いとなると、未来に対する構想が必要になってくる。建築は社会のインフラストラクチャーという役割を担っているので、数百年単位で捉えなければならない場合もある。

各段階を通して共通して言えることに、総合的なアプローチが重要になってきていることが挙げられる。現在から未来に向けて、今後の方向をどう捉えるか。なかでも「か」の段階＝「ビジョン」がより重要になってきており、そのために「方法論」の確立が不可欠であると言える。

たとえば、国際・国内のコンペの審査を考えても、各案の比較検討では審査員間の評価の軸をどこに置くかが極めて難しい議論となる。それぞれの意見をまとめるのに、三段階の方法論は大いに役立つ。さらに、事業全体を統括する立場に立った場合にも、方法論は有効だった。様々な分野の専門家や関係者が参加した「なら・シルクロード博」や「愛知万博」などでは、社会や経済まで問題が多岐にわたり、全体像をどう創り上げていくかという五里霧中の構想段階で、目標をどこにおくか方向性を決定するうえで役立ったように思う。

私は、長年「方法論」を通じて考えてきた。そこでは、常に個々の特殊的条件から出発して、より普遍的な解決に近づけていくことの重要性に気づかされることも少なくなかった。

たとえば住宅を考える場合には、光の強さや風の流れ、水の音や土の色や雑草の種類にいたるまで、その土地に根ざした風土や慣習に触れ、そこでの暮らしに大切なものは何なのかを自分自身でまず見つけなければならない。その過程は多種多様であるべきだが、多くの人にとって快適で美しいと感じられる自然環境は変わらないものだと言える。

またある時、「La Grande Borne」の設計者として知られるフランスの長老建築家、エミール・アイオー（Emile Aillaud）さんに、パリのデ・ファンスでお目にかかる機会があった。アイオーさんは、会うなり私にこう尋ねた。〝あなたのフィロソフィーは何ですか。〟私はすかさず、〝三段階の方法論です。〟と答え、夢中になって日本の伝統建築の話をした。アイオーさんはその時すでにご高齢だったが、その文化的意識の高さと研ぎ澄まされた感覚に深く感銘を受けた。さらに、彼の大胆なデザインの中にさりげなく光るユーモアセンスは抜群で、文化は違えど生活を楽しむという姿勢に共感した。同時に、自分の方法論がアイデンティティーにもなり得ることを知り、とても嬉しく思ったのを覚えている。

こうした経験から、私のデザインの羅針盤とも言える「三段階の方法論」を述べたこの本を、建築に関わる方や建築を管理・運営する立場の方々、さらに建築に関心をお持ちの方、計画を考えられている方をはじめ、広く一般の方々にも読んで頂き、建築についての深い理解が得られれば幸いだと思っている。

建築への議論の門戸は自由に開放されている。是非、様々な分野の方々と意見を交わし、未来のトータルな人間環境の「ビジョン」を一緒になって考えていきたい。この本が議論のきっかけとなり、各々の有効な方法論の確立に役立てて頂ければ幸いである。広く皆様からのご批判を頂戴できれば有り難いと思っている。

最後に、この本の再版にあたって、ご指導下さった方々や支えて頂いた皆様にあらためて心から感謝を捧げ、お礼の言葉を述べさせて頂きたい。

二〇〇八年四月一日

空の庭にて　菊竹清訓

この復刻版のカバーには、敬愛する故・田中一光さんが私をモチーフにデザインしてくださったポスターを初めて使わせて頂くことにした。田中一光さんは、建築やグラフィック・デザインといった領域を超えて、お互いの方法論で人間の環境がどうあるべきかを真剣に議論した同志のひとりだった。田中一光さんに心からの感謝をこめて。

■著者紹介

菊竹清訓（きくたけ　きよのり）

主な経歴

1928年　福岡県久留米市生まれ
1948年　広島平和記念カソリック聖堂競技設計３等入賞
1950年　早稲田大学理工学部建築学科卒業
1953年　菊竹清訓建築設計事務所開設
1960年　世界デザイン会議にパネリストとして出席
1961年　＜か・かた・かたち＞の方法論発表
1964年　第７回汎太平洋賞（AIA）、第15回日本建築学会賞（出雲大社庁の舎）
1970年　日本建築学会特別賞（日本万国博覧会ランドマークタワー）
1971年　アメリカ建築家協会（AIA）特別名誉会員、ハワイ大学客員教授、
　　　　海上都市計画コアメンバー（アメリカ建国200年記念）
1972年　日本列島改造問題懇談会「美しい国土」を提案
1975年　沖縄海洋博政府出展施設「アクアポリス」空間意匠プロデューサー
　　　　久留米市文化章
1978年　第８回オーギュスト・ペレー賞（UIA）
1985年　東京都新都庁舎指名設計コンペ審査員（丹下案１等）
　　　　21世紀をめざした空港の将来像委員
　　　　国際科学技術博覧会マスタープラン作成委員、外国展示館担当
1988年　なら・シルクロード博　ハードプロデューサー
1991年　国際建築アカデミー（IAA）アカデミシャン・アジア代表
　　　　日本マクロエンジニアリング学会二代目会長
1994年　北京工業大学名誉教授、フランス建築アカデミー会員
1995年　早稲田大学より工学博士学位取得（論文『軸力ドームの理論とデザイン』）
1996年　長野オリンピック冬季競技大会　空間構成プロデューサー
2000年　「今世紀を創った世界建築家100人」に選出（ユーゴスラヴィア・ビエンナーレ）
2001年　2005年日本国際博覧会総合プロデューサー
2002年　日本建築士会連合会名誉会長
2006年　春の叙勲「旭日中綬章」、早稲田大学芸術功労者賞
2007年　日本建築栄誉賞（日本建築士会連合会）
2011年　死去

主な作品

スカイハウス(1958)、出雲大社庁の舎(1963)、ホテル東光園(1964)、徳雲寺納骨堂(1965)、都城市民会館(1966)、大阪万博ランドマークタワー(1969)、井上靖文学館(1973)、アクアポリス(1975)、つくば'85外国展示館(1985)、福岡市庁舎(1988)、なら・シルクロード博パビリオン(1988)、江戸東京博物館(1993)、久留米市庁舎(1994)、北九州メディアドーム(1998)、島根県立美術館(1999)、吉野ヶ里歴史公園センター(2000)、九州国立博物館(2004)、愛知万博マスタープラン及びグローバルループ(2005)　他

この本は，1969年1月10日に発行されたものの復刻版です。

復刻版　**代謝建築論**　か・かた・かたち

2008年4月10日　第1版 発　行
2025年2月10日　第1版 第8刷

著作権者との協定により検印省略

著　者　菊　竹　清　訓
発行者　下　出　雅　徳
発行所　株式会社　彰　国　社

162-0067　東京都新宿区富久町8-21
電話　03-3359-3231(大代表)
振替口座　00160-2-173401

自然科学書協会会員
工学書協会会員

Printed in Japan

装丁：伊原智子

印刷：康印刷　製本：誠幸堂

ISBN 978-4-395-01208-4 C3052　https://www.shokokusha.co.jp